La nouvelle écologie politique

Jean-Paul Fitoussi
Éloi Laurent

La nouvelle écologie politique

Économie et développement humain

LA REPUBLIQUE DES IDEES
Seuil

Collection dirigée par
Pierre Rosanvallon
et Thierry Pech

ISBN 978-2-02-097719-7

www.editionsduseuil.fr
www.repid.com

« À mesure qu'un système s'approche de ses limites écologiques, les inégalités ne font que s'accroître. »

RAPPORT BRUNDTLAND (1987)

Introduction

L'économiste du développement Paul Collier[1] estime que les quelque 6 milliards d'humains vivant aujourd'hui sur terre se répartissent en trois catégories. Un milliard sont très riches : ils habitent pour l'essentiel en Occident (États-Unis, Canada, Europe), au Japon et en Australie. Quatre milliards sont en train de s'enrichir (en Asie, en Russie, en Amérique latine et du Sud). Enfin, un milliard sont pauvres, souvent très pauvres : 980 millions de démunis sont « piégés » dans cinquante nations du monde « en voie de sous-développement », dont 70 % se trouvent sur le seul continent africain. Si l'on ne peut sous-estimer l'immense chemin qui reste à parcourir en matière de développement, il faut néanmoins convenir avec P. Collier que la pauvreté extrême est réduite ou en voie de réduction pour 80 % des habitants de la planète. Du côté de la prospérité, parfois insolente voire obscène, le succès n'est pas moins grand : la population totale des personnes vivant dans de bonnes conditions matérielles est aujourd'hui supérieure à ce qu'était la population totale de la planète il y a deux siècles. En somme, la promesse du développement global serait enfin sur le point d'être tenue : tandis que le bien-être matériel se répand sur la surface de la planète à une vitesse inédite, des centaines de millions d'individus jusque-là tenus en marge de l'aisance entrent dans l'ère du progrès.

Impensable il y a seulement une génération, cette réussite

1. Paul Collier, *The Bottom Billion : Why the Poorest Countries are Failing and What Can Be Done About It*, Oxford University Press, 2007.

historique nourrit la crainte paradoxale que nous soyons désormais trop nombreux à être trop bien portants et trop riches. À mesure que l'humanité s'affranchit de la misère, une nouvelle loi de Malthus [1] semble devoir lui barrer la route : si nous voulons préserver les écosystèmes terrestres, prévient-elle, il nous faudra réduire non seulement la population du globe, mais encore la part de chacun dans la consommation des ressources naturelles. Car l'homme ne craint plus la force de la Nature, mais sa revanche, et c'est la sienne propre qui désormais l'inquiète. La terre ne peut accueillir toute la richesse du monde : telle est la conclusion dramatique de ce raisonnement.

Certains trouvent même des vertus écologiques insoupçonnées aux inégalités de développement. Car, demandent-ils, si les richesses étaient mieux réparties, si tous les pays en développement accédaient à l'opulence des Occidentaux, combien de planètes seraient nécessaires pour pouvoir supporter ce surcroît d'égalité ? La question se poserait ainsi dans les termes mêmes qu'avaient utilisés Gandhi : « Il a fallu à la Grande-Bretagne la moitié des ressources de la planète pour accéder à la prospérité, combien de planètes faudra-t-il à l'Inde pour son développement ? » En effet, c'est le développement dans l'inégalité qui nourrit l'illusion que l'égalité de développement menacerait les ressources de la planète.

Mais qui pourrait nier l'urgence écologique et, plus encore peut-être, la lenteur des réactions politiques et la vivacité des résistances de toutes sortes, qui retardent la nécessaire mutation des modes de production et de consommation ? La théorie économique en particulier est régulièrement accusée d'entretenir le déni de réalité. Obsédée par la croissance, elle condamnerait par principe toute entrave à l'activité des hommes, à la circulation des richesses et à la prédation des ressources les plus fragiles. Elle vivrait dans le fantasme de l'abondance perpétuelle, justifiant une quête inconséquente de prospérité dont nous récolterions aujourd'hui les fruits

1. Sur la loi de Malthus, voir *infra*, chapitre premier.

empoisonnés. Bref, le temps serait venu de mettre un terme à cette course folle à l'abîme vers lequel nous pousse un économisme réducteur autant qu'impérialiste.

Ici comme ailleurs, il est nécessaire de se défaire du fantasme d'une science économique intégrée, cohérente et disposant d'une réponse unique aux problèmes qui lui sont posés. On peut, on doit distinguer au moins deux paradigmes en économie. Le premier est celui de la régulation interne, qui postule que le système économique, par le fait d'une interaction libre entre des acteurs libres, est ou revient toujours à l'équilibre optimal. Des règles de conduite individuelle et des mécanismes institutionnels propres à perpétuer l'ordre politique et à favoriser le progrès économique et social se développeraient naturellement en son sein. Si cette approche est vraie, les inquiétudes écologiques du moment sont hypertrophiées et frappées de myopie : le marché trouvera tout seul la voie du développement durable à condition que la puissance publique ne se mêle pas de ses tâtonnements. « Nous devons considérer le système de prix comme un mécanisme de communication de l'information si nous désirons comprendre sa fonction réelle [...]. Le trait le plus caractéristique de ce système est l'économie de connaissance avec laquelle il agit, ou le peu de choses que les individus doivent connaître pour être capables de prendre la bonne décision [...]. Seule l'information la plus essentielle est communiquée, et uniquement à ceux qui sont concernés », écrivait Friedrich Von Hayek [1]. C'est cette caractéristique du système des prix qui est censée garantir l'optimalité de l'allocation des ressources réalisée par le marché, et rendre nocive l'intervention publique. L'augmentation contemporaine du prix du pétrole signale ainsi aux agents concernés que le temps est venu pour eux d'investir dans des sources d'énergie alternatives et dans la recherche de nouvelles technologies.

Le second paradigme économique est celui de la régulation

1. Friedrich A. Von Hayek, « The Use of Knowledge in Society », *American Economic Review*, septembre 1945, p. 526-527.

externe : il recouvre un large spectre de conceptions du monde mais toutes ont en commun de considérer que le marché, livré à lui-même, pourrait produire si ce n'est le chaos, du moins des fluctuations si coûteuses pour la société que celle-ci pourrait être tentée de changer radicalement de système de régulation. Dans cette acception de l'économie, qui mérite alors son nom ancien d'économie politique, le bon fonctionnement de l'économie de marché ne peut se concevoir sans l'intervention d'un agent extérieur – la puissance publique –, l'ordre économique et social résultant d'un équilibre complexe entre décisions individuelles et décisions collectives.

Ce second paradigme est le seul à même de rendre compte des relations entre l'homme et la Nature, pour au moins trois raisons dont chacune a la force de l'évidence. Il établit d'emblée l'économie comme un système ouvert, sur le politique certes, mais aussi sur le social et sur les processus physiques avec lesquels elle est en interaction. Ensuite, dès lors qu'il s'agit d'orienter des décisions concernant le long terme, parfois le très long terme – l'horizon de l'investissement dans une centrale nucléaire est de près d'un siècle –, le système des prix actuels peut, au contraire de ce que pensait Hayck, conduire les acteurs à prendre de mauvaises décisions (sous- ou sur-investir). Le risque est alors que la concurrence conduise à une privatisation des bénéfices et à une socialisation des pertes, car les pouvoirs publics ne peuvent évidemment rester passifs en cas de dysfonctionnements graves d'un service public aussi essentiel que, par exemple, celui de l'énergie. Enfin, la plupart des biens environnementaux étant des biens publics, ils n'ont de prix que ceux qui leur sont conférés par le politique.

L'objet du présent livre est donc de s'appuyer sur cette seconde conception du monde économique – celle de la régulation externe – pour démystifier cette *malédiction de la prospérité* qui conduit, au nom de l'équilibre écologique, à préférer la régression au progrès, la frugalité dans l'inégalité au développement dans la justice. Nous croyons qu'il est possible de poursuivre sur le chemin du développement humain sans sacrifier les écosystèmes terrestres mais à condition d'élever notre niveau d'exigence démocratique. L'égalité écologique est la clé du développement durable. Mais cette nouvelle écologie politique appelle pour commencer une histoire critique des cadres de la théorie économique moderne, c'est-à-dire un effort de révision intellectuelle qui ne caricature pas son objet et n'invalide nullement sa nécessité.

Pour mener à bien cette entreprise, il importe de repartir de la dialectique des rapports de l'homme et de la Nature. Le chemin anthropologique parcouru en ce domaine est tout simplement stupéfiant. Depuis environ 200 000 ans (apparition de l'*Homo sapiens*) et plus activement encore depuis 10 000 ans (passage de l'humanité aux sociétés agricoles), l'homme n'a cessé de mobiliser son ingéniosité et sa sociabilité pour échapper aux forces non maîtrisables de la Nature. Et, depuis une quarantaine d'années seulement, ce rapport de force semble s'être retourné. Ce n'est en effet que dans les années 1970 que voit le jour dans le débat public la préoccupation de la vulnérabilité [1] de la Nature [2], remplacée seulement deux décennies plus tard par l'idée de la domination de l'homme sur les écosystèmes terrestres. S'est ainsi imposé un second sentiment de finitude : après la finitude de l'homme face à une Nature incontrôlable, la finitude de la Nature elle-même face à un homme devenu trop habile.

Loin d'y être indifférente, la théorie économique a été marquée en son origine par des préoccupations voisines. C'est dans le cadre d'une *Nature avare et finie* qu'elle s'est d'abord élaborée. Née dans sa version moderne avec la révolution industrielle, elle a accompagné le combat des hommes contre la rareté des ressources et s'est très tôt confrontée à la question de leur limitation relative : de la

1. Kenneth J. Arrow estime que cette vulnérabilité était connue, au moins des météorologistes, dès les années 1940. Voir Kenneth J. Arrow, « Global Climate Change : A Challenge to Policy », *Economists'voice*, www.bepress.com/ev, juin 2007.

2. C'est aussi à cette date que la nécessité d'une action internationale pour la préservation des ressources naturelles commence à s'imposer, la Convention des Nations Unies pour l'environnement humain étant créée en 1972.

question de la surpopulation chez Malthus à celle de l'épuisement énergétique de Stanley Jevons jusqu'à l'épuisement généralisé de l'hospitalité terrestre dans les modèles contemporains d'analyse du changement climatique. Bref, contrairement à une idée assez répandue, la théorie économique a tout à fait admis la finitude du monde et de la Nature [1].

La question du développement humain excède pourtant la simple logique de flux et de stock qui gouverne l'économie mécanique. C'est du côté d'une *économie dynamique* qu'il faut tourner le regard pour le comprendre. Pour notre bonne fortune, la loi d'entropie qui caractérise les systèmes fermés [2] n'est pas la seule flèche de temps qui gouverne notre évolution ; il en est une seconde, moins tangible mais tout aussi déterminante : l'augmentation des connaissances. Une double irréversibilité marque ainsi le développement de l'humanité : l'accumulation des savoirs et du progrès des techniques d'un côté, la dé-cumulation des stocks de ressources épuisables ou la dénaturation tout aussi irréversible de certains fonds environnementaux de l'autre. Le temps de l'économie est, pour ces raisons, irréductiblement orienté : entropique pour les ressources et historique pour les institutions de production, d'organisation et de diffusion des connaissances. Les perspectives d'évolution de notre système de développement tiennent en partie à l'espace aménagé entre ces deux processus dynamiques, écart qui peut faire penser à celui qui sépare les deux lames d'une paire de ciseaux. Cette approche implique un déplacement conceptuel important : en économie dynamique, le principe du délai doit venir compléter celui de la rareté tout en le précisant.

1. L'économie de l'environnement, qui propose de mettre les outils conceptuels et les instruments d'action de la théorie économique au service des questions écologiques, est d'ailleurs, nous y reviendrons, une discipline en pleine expansion.

2. Et nous ferons l'hypothèse que, pour l'essentiel des phénomènes qui nous préoccupent ici, le monde demeure un système fermé. Il se peut pourtant que, dans un avenir que nous imaginons assez lointain, les hommes seront en mesure de s'approvisionner, notamment en énergie, sur d'autres planètes.

Cela ne saurait pourtant suffire, car derrière la question écologique se joue celle de la justice sociale. C'est le sens de l'*économie ouverte* à laquelle nous appelons finalement : économie ouverte sur son environnement écologique, social et politique. Ce n'est pas la théorie économique en elle-même qu'il faut incriminer face aux désastres environnementaux, mais sa définition étroite comme science aux processus autonomes. La crise alimentaire et énergétique mondiale vient nous rappeler sur un mode extrême le rapport essentiel qui doit exister entre répartition des *moyens de subsistance* et répartition des *droits à subsister*, entre écologie et démocratie. Le développement humain ne pourra à cet égard être soutenable que s'il est démocratique, au sens où il assure à chacun le droit de subsister. Autrement dit, la décroissance qui importe véritablement est celle des inégalités.

L'économie finie, l'économie dynamique et l'économie ouverte formeront les trois moments de cet essai, soulignant les trois dimensions (et les trois problèmes) qui doivent à nos yeux structurer la pensée du développement humain : l'espace de l'échange, la dynamique de l'évolution et l'exigence de la justice sociale.

Quitte à heurter d'emblée le lecteur, nous voudrions pour finir d'introduire notre sujet, indiquer le plus précisément possible notre position sur la carte du débat public. Cet essai est une tentative de triangulation intellectuelle, qui se donne pour ambition d'imaginer une nouvelle voie entre les écueils symétriques dans lesquels tend à s'enfermer le paysage idéologique sur la question écologique : d'un côté, certains « progressistes » semblent toujours plus sensibles aux sirènes de la décroissance et du renoncement au progrès ; de l'autre, certains « conservateurs » succombent trop facilement à l'idée que la conjugaison du marché et de l'innovation technique suffirait à régler toutes les difficultés. Les premiers résument le problème écologique au problème économique. Les seconds le réduisent au problème technologique. Ces deux attitudes ont l'égal avantage de se prêter aux antagonismes les plus simples et les plus immédiatement lisibles. Mais elles ont aussi en commun de tourner le dos aux exigences démocratiques, la première en proposant de figer les inégalités dans leur état actuel (sauf à imaginer un improbable communisme des ressources), la seconde en faisant l'économie de toute forme de délibération et de choix politiques (la « main invisible » du marché suppose des citoyens transparents).

Par écologie politique, nous entendons la discipline qui tente de penser l'économique, le politique et l'écologique non seulement comme des systèmes ouverts les uns sur les autres, mais comme se déterminant réciproquement. De même qu'il existe des voies fécondes entre le libéralisme naïf et le dirigisme brutal, une écodémocratie est possible entre l'imprévoyance écologique et la décroissance résignée. C'est le sens de cet ouvrage.

CHAPITRE PREMIER

L'économie finie : de la rareté à l'épuisement

Dans les *Principes de la philosophie du droit*, Hegel donne une définition particulièrement éclairante de la dialectique de l'homme et de la Nature :

> C'est une opinion fausse de penser que l'homme vivrait libre par rapport au besoin dans l'état de nature où il n'éprouverait que des besoins naturels soi-disant simples, et où il n'utiliserait pour les satisfaire que les moyens qu'une nature contingente lui procure. Elle est fausse, même si l'on ne considère pas l'élément de libération qui est dans le travail dont on parlera plus loin. En effet, le besoin naturel en tant que tel et sa satisfaction immédiate ne seraient que l'état de la spiritualité enfoncée dans la nature et, par conséquent, l'état de sauvagerie et de non-liberté, tandis que la liberté n'existe que dans la réflexion du spirituel en lui-même, dans sa distinction d'avec la nature et son action réfléchie sur elle [1].

1. *Principes de la philosophie du droit*, [1821], § 194, trad. André Kaan, Paris, Gallimard, 1940, p. 211.

L'homme réalise son humanité en mobilisant des ressources intellectuelles inépuisables. Il déploie ainsi une certaine violence contre la Nature afin de satisfaire ses besoins et d'accroître son bien-être. C'est l'homme qui est vulnérable et ingénieux. C'est la Nature qui est toute-puissante et inhospitalière et qui ne lui laisse d'autre choix que de la transformer pour mieux l'adapter à ses besoins. Mais, dans cet affrontement, les victoires de l'homme sont transitoires, car la Nature transformée peut déployer à son tour de nouvelles violences contre lui.

Tout se passe comme si dans les années 1970, après des centaines de milliers d'années d'évolution humaine, on redécouvrait cette dialectique immémoriale. Le philosophe allemand Hans Jonas est l'un des premiers à mesurer le chemin parcouru depuis les premiers combats de l'humanité contre la Nature. Dans *Le Principe Responsabilité* (1979), il explore les implications éthiques de cette « cité des hommes, jadis une enclave à l'intérieur du monde non humain, [qui] se répand sur la totalité de la nature terrestre et usurpe sa place ». Il prend acte de ce que la « vulnérabilité de la Nature » prime désormais sur celle d'un homme devenu trop intelligent : « La promesse de la technique moderne s'est inversée en menace. » Il n'est pas sûr dans ces conditions que les hommes puissent céder la Nature à leurs enfants dans un état tel qu'elle pourrait servir ceux-ci aussi bien qu'eux-mêmes. Car si la vulnérabilité de l'homme est immanente à la condition humaine, celle de la Nature n'est perceptible qu'au travers du surcroît de vulnérabilité qu'elle fait encourir à l'homme. Devant l'impossibilité des générations à naître de faire entendre leurs voix, un nouvel impératif catégorique se fait alors jour pour le présent : « Agis de façon que les effets de ton action soient compatibles avec la Permanence d'une vie authentiquement humaine sur terre. » Car « l'humanité n'a pas droit au suicide ». [1]

Cette défiance nouvelle à l'égard de la puissance technique

1. Hans Jonas, *Le Principe Responsabilité* (1979), trad. Jean Greisch, Paris, Flammarion, « Champs », 1990.

du savoir humain a également suscité l'intérêt des sociologues. Chez eux non plus, l'optimisme n'est plus de mise. Loin de garantir un avenir plus sûr, la maîtrise technique de la Nature y installerait de nouveaux risques. Elle ne rimerait plus avec le progrès, mais avec l'incertitude, voire la catastrophe. C'est ce qu'a bien vu le sociologue allemand Ulrich Beck dans *La Société du risque* (1986), et ce n'est qu'une autre façon de conjuguer dans l'espace des sciences sociales la dialectique hégélienne.

À l'échelle globale, le constat fondamental demeure : la Nature ne peut plus être considérée comme le cadre immuable de l'existence et de l'activité des hommes [1]. Elle n'est plus un invariant de leur histoire : elle en est devenue un objet. Selon le biologiste de Stanford University Peter Vitousek et ses coauteurs [2], « Il est clair que nous vivons sur une planète dominée par l'homme. » Cette affirmation n'est pas inédite, comme l'atteste l'ouvrage du diplomate, philologue et naturaliste américain George Perkins Marsh (1801-1882) [3], qui regrettait que « la mesure exacte des effets géographiques et climatiques provoqués par l'homme [soit] impossible en pratique ». L'empreinte humaine sur les écosystèmes terrestres est désormais mesurable quantitativement : entre 40 % et 50 % de la surface des terres ont été transformés par l'activité humaine ; la concentration de dioxyde de carbone dans l'atmosphère a augmenté d'environ 30 % depuis le début de la révolution industrielle ; la moitié des réserves en eau de la planète est utilisée par l'homme ; l'activité humaine a doublé la quantité de nitrogène fixée [4] annuellement depuis le début du siècle ; un quart des espèces d'oiseaux a été poussé vers l'extinction et les deux tiers des espèces de poissons sont pleinement

1. Mais l'a-t-elle jamais été ? Les commandements des religions monothéistes ne sont-ils pas l'expression de la subordination des « valeurs » naturelles aux valeurs humaines ? N'ordonnent-ils pas à l'homme de dominer jusqu'à sa propre nature ?

2. P. M. Vitousek, H. A. Mooney, J. Lubchenco et J. M. Melillo, « Human domination of Earth's ecosystems », *Science*, 277, 1997, p. 494-499.

3. G. P. Marsh, *The Earth as Modified by Human Action*, 1868, édition électronique de Project Gutenberg, 2004 : http://www.gutenberg.org/dirs/etext04/rthmh10.txt

4. Fixation synthétique utilisée dans la fabrication des engrais.

exploitée ou surexploitée. « Il n'y a pas de meilleure illustration de l'ampleur de la domination de la planète par l'homme que le constat selon lequel la préservation de la diversité des espèces sauvages et du fonctionnement des écosystèmes sauvages requerra de plus en plus l'action humaine. » « Le monde est dans nos mains de manière très concrète », concluaient Vitousek et ses collègues en 1997. Ces tendances se sont encore aggravées au cours de la dernière décennie écoulée [1].

Cette emprise humaine est particulièrement sensible sur les autres êtres vivants. Edward Wilson [2], biologiste et zoologue à l'université d'Harvard, militant du « biocentrisme » et de la « biophilie », rappelle que la biodiversité est en particulier menacée dans les vingt-cinq « zones critiques » (*biodiversity hotspots* [3]) du monde (Madagascar par exemple) qui ne couvrent que 1,4 % de la surface terrestre mais recèlent 43,8 % des espèces connues de plantes et 35,6 % des espèces de mammifères, d'oiseaux, de reptiles et d'amphibiens [4]. La surface de ces véritables cornes d'abondance naturelles a été réduite de 88 % par la déforestation et le développement industriel, entraînant la perte irréversible de milliers d'espèces végétales et animales, la plupart encore insoupçonnées au moment de leur destruction.

Plus généralement, les spécialistes estiment que la Terre abriterait environ 1,75 million d'espèces connues, mais peut-être

1. Voir notamment *OECD Environmental Outlook to 2030*, OCDE, 2008, et Millennium Ecosystem Assessment, *Ecosystems and Human Well-being : Synthesis*, Washington D.C., Island Press, 2005.

2. E. O. Wilson, *The Future of Life*, New York, Vintage Books, 2002.

3. Cette dénomination a été introduite en 1988 par l'écologiste anglais Norman Myers pour désigner des régions du monde caractérisées par leur exceptionnelle biodiversité et le niveau élevé de mise en danger de celle-ci. Un *hotspot* est défini par deux critères : il doit contenir au moins 1 500 espèces de plantes endémiques et doit avoir perdu au moins 70 % de sa surface.

4. Selon d'autres calculs, plus récents, réalisés par l'ONG Conservation International, il y aurait 34 « zones critiques » couvrant 2,3 % de la surface du globe et abritant 50 % des espèces végétales et 40 % des espèces animales connues.

10 millions d'espèces vivantes [1]. Leur rythme d'extinction, qui serait 1 000 fois supérieur dans la période contemporaine au rythme naturel caractéristique du passé terrestre, est particulièrement préoccupant.

Pour n'évoquer que les espèces animales, l'indice *Living Planet* [2], calculé par le WWF, qui suit l'évolution de 1 313 espèces vertébrées (poissons, oiseaux, mammifères, reptiles, amphibiens) servant d'échantillon témoin de la biodiversité terrestre globale, a régressé d'environ 30 % de 1970 à 2003. Dans le détail, il a chuté de 31 % pour les espèces terrestres, de 27 % pour les espèces marines et de 28 % pour les espèces d'eau douce. Au total, selon les Nations Unies, 850 espèces connues se seraient éteintes depuis 1500 [3].

Cette perte accélérée de biodiversité n'est pas causée principalement, comme ce fut le cas par le passé, par des phénomènes naturels, mais par des facteurs anthropiques, c'est-à-dire du fait de l'homme (par ordre d'importance : par la destruction de l'habitat des espèces, l'introduction d'espèces étrangères, la surexploitation des ressources, les diverses pollutions et enfin le changement climatique) [4].

Et cette dégradation probablement sans précédent de la biodiversité a des conséquences directes sur la vie humaine. La Convention sur la diversité biologique dresse ainsi l'inventaire de tous les « services » rendus par les écosystèmes à l'humanité (ces « services » comprennent la fourniture d'aliments, de fibres et de combustibles, la purification des eaux, la pollinisation ou encore la régulation du climat et de l'érosion). Or les travaux les plus aboutis en la matière montrent que les écosystèmes riches en diversité biologique sont à la fois plus productifs, plus stables et plus résilients. Moins ils sont

---

1. Secrétariat de la Convention sur la diversité biologique, *Perspectives mondiales de la diversité biologique*, Montréal, 2e édition, 2006. Il s'agirait à plus de 95 % d'espèces invertébrées.

2. Disponible à l'adresse http://www. panda.org/news_facts/publications/living_planet_report/living_planet_index/index.cfm

3. Millennium Ecosystem Assessment, *Ecosystems and Human Well-being : Biodiversity Synthesis*, World Resources Institute, Washington D.C., 2005.

4. *Ibid.*

divers, moins ils sont à même d'assurer leurs fonctions auprès de l'humanité et d'absorber des chocs de grande ampleur (comme le changement climatique) sans être fondamentalement altérés.

En somme, il est clair que si l'on s'inquiète aujourd'hui de la domination de l'homme sur la planète c'est que l'on craint que la réaction de la Nature ne vienne y mettre une fin brutale. C'est la prise de conscience de plus en plus aiguë de la fragilité de la préséance humaine sur terre qui est à l'origine de la montée en puissance des préoccupations environnementales dans le débat public.

Rareté et épuisements

Contrairement à ce que l'on pourrait penser, la théorie économique n'a pas attendu cette soudaine et récente prise de conscience pour se poser la question des relations complexes entre activité économique et ressources naturelles. L'économie ne découvre pas aujourd'hui la question des contraintes imposées par la Nature. Paradoxalement, cette interrogation fut pour elle contemporaine de l'explosion de la croissance et de la prospérité à la naissance de la révolution industrielle. On peut même dire que la conscience de l'avarice de la Nature et de l'état stationnaire auquel elle conduit a nourri l'économie classique en son origine à l'aube du développement moderne. Mais ce que l'on appelle la « dynamique grandiose des classiques » (Smith, Ricardo, Mill) est fondée sur l'hypothèse de la domination de l'homme par la Nature. L'homme ne détruit pas la Nature, il profite de sa fertilité, mais en retour celle-ci lui impose son rythme d'exploitation et sa finitude, et ne lui promet comme horizon que l'état stationnaire. Selon les classiques, la croissance n'est possible que tant que toutes les terres disponibles ne sont pas exploitées. C'est qu'ils considéraient la productivité des terres comme une donnée non manipulable par le progrès des techniques. En d'autres termes, ce n'est pas la perspective de la détérioration des fonds naturels et moins encore celle de l'épuisement des ressources qui conduisent à la conclusion mélancolique – ou « lugubre », pour employer l'expression de Carlyle – des classiques, mais la mise en balance raisonnée de ce que peut offrir la Terre et de ce qu'il faut aux hommes pour subsister. La « loi » de Malthus est l'expression la plus spectaculaire de cette comparaison désabusée.

Rythme naturel et rythme biologique : la surpopulation selon Malthus

C'est en 1798 que Malthus publie la première édition de son *Essai sur le principe de population.* « Quelles sont les causes qui ont gêné jusqu'à présent le progrès de l'humanité vers le bonheur ? » demande l'auteur en ouverture de son pamphlet. Il en voit surtout une, « la tendance constante de tous les êtres vivants à accroître leur espèce au-delà des ressources de nourriture dont ils peuvent disposer ». Le choc de la progression arithmétique des subsistances et de la croissance géométrique de ceux qui veulent subsister paraît inévitable. Le calcul se pare des traits d'une implacable rigueur alors que ses fondements scientifiques sont pour le moins douteux :

> Comptons pour mille millions le nombre des habitants actuels de la Terre. La race humaine croîtra selon la progression 1, 2, 4, 8, 16, 32, 64, 128, 256…, tandis que les moyens de subsistance croîtront selon la progression 1, 2, 3, 4, 5, 6, 7, 8, 9. Au bout de deux siècles, population et moyens de subsistance seront dans le rapport de 256 à 9 ; au bout de trois siècles, 4096 à 13 ; après deux mille ans, la différence sera immense et incalculable.

Il faut donc que des obstacles viennent freiner dans les meilleurs délais « l'accroissement de la population et la forcent à se réduire constamment au niveau des moyens de subsistance ». Malthus n'en connaît que trois : « la contrainte morale, le vice et le malheur ».

Ce raisonnement est évidemment et heureusement faux. Très récemment, l'économiste d'UC Davis Gregory Clark[1] est revenu sur l'erreur malthusienne. Comment l'humanité s'est-elle sortie, se demande-t-il, de cette terrible équation qui voulait qu'en 1800 « le bien-être moyen d'un individu ne soit pas meilleur que celui d'un individu en 100000 avant J.-C. » ?

Le « piège malthusien » dans lequel toutes les sociétés humaines furent enfermées jusqu'au début du XIXe siècle repose sur la combinaison de trois lois : le taux de natalité s'accroît avec le niveau de vie ; le taux de mortalité décroît avec le niveau de vie ; le niveau de vie décroît avec la population. Si ces trois lois sont vérifiées, le niveau réel de revenu de long terme est celui qui égalise taux de mortalité et taux de natalité, soit une situation démographique parfaitement stationnaire. Mais raisonner ainsi revient à occulter l'essentiel. La variable déterminante du développement humain après 1800 fut, on le sait, la libération de la vitesse technologique : le taux de croissance du progrès technique avant 1800 se situait « bien en dessous de 0,05 % par an [...], soit environ un trentième des taux modernes ». La révolution industrielle constitue donc, conclut l'auteur, la première rupture de l'économie humaine avec l'économie naturelle[2].

Les données rassemblées par l'historien de l'économie Angus Maddison permettent de se convaincre de la validité de ce constat.

Maddison calcule ainsi qu'à mesure que la population a accéléré sa croissance après 1820, le niveau de vie moyen mondial a explosé, doublant entre 1820 et 1900, doublant à nouveau entre 1900 et 1950 pour tripler entre 1950 et 2000. Le résultat est proprement stupéfiant : le revenu moyen par habitant sur la planète a progressé environ cinq fois plus entre 1990 et 2000 qu'entre l'an 1 de notre ère et 1820 ! (Tableau 1.)

1. D. G. Clark, *A Farewell to Alms : A Brief Economic History of the World*, Princeton, Princeton University Press, 2007.

2. On devrait s'empresser de rajouter la première rupture « concrète », la rupture philosophique étant le fait des religions monothéistes.

Tableau 1. **POPULATION ET NIVEAU DE VIE, AN 1-2000.**

	Population (milliers)	PIB par tête (1990 International Geary-Khamis dollars)
An 1	225 820	467
1000	267 330	453
1500	438 428	566
1700	603 490	615
1820	1 041 720	667
1900	1 563 464	1 262
1950	2 525 501	2 113
1970	3 685 775	3 736
1990	5 256 680	5 162
2000	6 061 593	6 055

Source : Angus Maddison, http://www.ggdc.net/maddison/

Autrement dit, la théorie malthusienne n'est devenue fausse qu'à partir du moment où elle a été formulée. Elle n'a pourtant pas cessé de tourmenter les économistes.

La fertilité décroissante des terres : Ricardo

L'œuvre de David Ricardo est profondément marquée par la théorie de Malthus [1]. Mais il l'affine considérablement en formulant sa théorie de la rente agricole. Seules les terres les plus fertiles sont d'abord mises en exploitation mais, au fur et à mesure de la croissance de la population, des terres de moins en moins productives seront exploitées, provoquant une augmentation généralisée du prix des denrées alimentaires et assurant par là même la fortune des propriétaires des terres les plus fertiles. La rente ricardienne mesure la parcimonie de la Nature,

1. Il confesse à la fin de ses *Principes de l'économie politique et de l'impôt* (1817) son « admiration » pour « l'ouvrage admirable » qu'est à ses yeux l'*Essai sur le principe de population*, avant d'entraîner le lecteur dans une discussion serrée des « quelques erreurs » de Malthus « que son autorité rend plus nécessaire de combattre » (édition de 1977, Paris, « Champs », Flammarion).

la contrainte qu'elle impose aux activités humaines. Et elle conduit à la « loi d'airain des salaires » : lorsque la population croît, le niveau de vie de ceux qui ne vivent que de leur travail ne peut dépasser à long terme le niveau de subsistance. C'est dans le ressort de ce mécanisme que réside l'amélioration théorique par rapport à Malthus : c'est la loi des rendements décroissants des terres qui explique qu'à mesure que le nombre de travailleurs augmente, chacun se voit condamner à ne pouvoir que survivre. Si l'un des facteurs de production est fixe et que la quantité des autres est augmentée, alors la production supplémentaire permise par cet accroissement va graduellement diminuer.

C'est donc la terre qui est dans le modèle ricardien et dans l'économie de son temps le facteur de production dont la quantité doit être considérée comme une donnée. C'est par conséquent de la moindre productivité des terres mises progressivement en culture, de l'épuisement de leurs rendements sans technologie nouvelle, alors que croît la population, que va découler « l'état stationnaire » de l'économie dont Ricardo entrevoit pour la première fois la sombre perspective à la toute fin du chapitre V des *Principes de l'économie politique*. Selon Ricardo, dans l'état stationnaire, les « lois sur les pauvres » (*poor laws*) causeraient la ruine nationale :

> Mais si nos progrès devenaient plus lents, si nous nous trouvions dans un état stationnaire – dont j'espère que nous sommes encore bien éloignés –, c'est alors que la nature pernicieuse de ces lois deviendrait plus manifeste, plus alarmante ; et c'est alors aussi que leur abolition rencontrerait bien plus d'obstacles et de difficultés.

Ricardo se distingue donc de Malthus. Si son analyse est insuffisante, faute de prendre la mesure du progrès technique [1] dans le domaine agricole, sa recommandation économique principale visant à repousser l'avènement de l'état stationnaire (à l'exception

1. Il faudra attendre un siècle et demi et les contributions magistrales de Robert Solow pour que soit vraiment intégré dans l'analyse de la croissance le progrès des techniques.

bien entendu de son darwinisme social) – le développement du commerce international – est juste, on y reviendra. En outre, l'augmentation actuelle du prix des denrées agricoles a certainement une dimension ricardienne.

L'épuisement énergétique : le déclinisme de Jevons

Stanley Jevons est demeuré dans l'histoire de la science économique comme l'un des pères de l'analyse marginale. Mais c'est son analyse de la dépendance de l'économie britannique à l'égard d'un charbon bon marché mais épuisable dans *The Coal Question* (1865) qui le fit connaître du public. En ce sens, il occupe une place singulière dans l'histoire de la pensée économique. En effet, l'école marginaliste (dont les pères fondateurs furent, avec Jevons, Carl Menger et Léon Walras) libère pour ainsi dire l'économie de ses racines terrestres en apportant la bonne nouvelle de la possibilité d'une croissance perpétuelle. Témoin de l'industrialisation rapide du XIXe siècle, la terre ne leur apparaît plus comme un facteur limitatif de la croissance ; il suffit que le capital augmente au même rythme que la population pour que la production continue d'augmenter aussi au même rythme (selon la loi des rendements d'échelle constants). Et aucune fatalité n'empêche le capital de croître, puisque, en tant qu'artefact, il est produit par l'homme. *Exit* l'état stationnaire des classiques ; mais ce qui demeure stationnaire chez les marginalistes, c'est le revenu par tête (le niveau de vie), car si la production augmente comme la population, la production par habitant reste inchangée. Ce qu'accomplit Jevons – et qui rompt avec l'optimisme de l'école marginaliste à laquelle il appartient –, c'est de trouver ailleurs que dans la terre un facteur limitatif de la production. Toutefois ce facteur n'est plus un fonds dont la production bien que limitée peut être renouvelée chaque année, mais un stock (les ressources minières) dont la perspective de l'épuisement annonce un avenir autrement plus sombre que celui anticipé par les classiques : le déclin !

Jevons, en effet, ne pense pas que l'innovation technologique ou la découverte de substituts au charbon pourront sauver l'économie britannique de son triste sort :

> Nous sommes à présent au beau milieu du matin de notre prospérité nationale et nous nous rapprochons de l'heure de midi. Mais nous sommes loin d'avoir commencé à payer la dette morale et sociale que nous avons contractée auprès des millions de nos concitoyens et que nous devons payer avant le soir [1].

Jevons formule, au chapitre VII de son ouvrage, le paradoxe qui a gardé son nom et qui conserve toute sa pertinence pour comprendre les modèles d'épuisement généralisé de l'hospitalité terrestre : l'accroissement de l'efficacité technologique dans l'utilisation d'une ressource naturelle comme le charbon ne réduit pas la demande pour cette ressource, mais l'accroît au contraire. La consommation est en un sens déchaînée par l'accélération technologique du fait de la baisse des coûts que celle-ci entraîne. La demande est alors emportée dans une course qui démultiplie l'impact de la consommation sur les ressources naturelles et abrège en réalité le temps qui sépare le système économique du déclin : « Le système économique multiplie la valeur et l'efficacité de notre matériau principal ; elle accroît indéfiniment notre richesse et nos moyens de subsistance, et conduit à une extension de notre population, de nos productions, de nos échanges, qui est appréciable dans le présent, mais nous mène nécessairement vers une fin prématurée ». Il faudra cependant attendre les années 1920 et 1930 pour qu'un cadre analytique soit donné à l'intuition de Jevons. L'incidence des activités économiques humaines sur les ressources épuisables et l'environnement ne trouvera ses fondements analytiques qu'avec les travaux de Hotelling, Ramsey et Pigou. En bref, au début

1. Préface de l'auteur, *The Coal Question : An Inquiry Concerning the Progress of the Nation, and the Probable Exhaustion of Our Coal-Mines,* London, Macmillan and Co., 1866 (second edition, revised), http://www.eoearth.org/article/The_Coal_Question_%28e-book%29

du XXe siècle, la science économique avait déjà parfaitement intégré et la question de la rareté des ressources et celle de la fragilité écologique du mode de développement capitaliste.

Pourtant, c'est le Rapport Meadows (1972), commandé à une équipe de chercheurs [1] du MIT par le Club de Rome, qui popularisera vraiment la thèse de Jevons en s'inquiétant de la croissance exponentielle de la population, de l'industrialisation, de la production des moyens de subsistance, de la pollution et de l'épuisement des ressources naturelles. Les conclusions principales de *The Limits to Growth* sont au nombre de deux : si la tendance dans les cinq croissances exponentielles identifiées se poursuit, la planète atteindra les limites de la croissance au cours du prochain siècle ; il est néanmoins possible d'échapper au désastre si l'on parvient à établir les conditions d'une stabilité économique et écologique soutenable sur le long terme. Ainsi pourra être évité le scénario le plus catastrophique parmi les douze envisagés et traités par le programme de simulation « World 3 » : le scénario « croissance et effondrement ».

L'idée de soutenabilité repose ici sur la satisfaction des besoins matériels élémentaires de chaque individu et la chance donnée à chacun de réaliser pleinement son potentiel. Mais le Rapport Meadows ne voit pas d'autre solution durable que de réduire la croissance de la population et du capital, et de les maintenir constants à l'état d'équilibre de long terme. L'analyse des chercheurs du MIT, qui se veut dynamique (le programme informatique utilisé par eux repose sur la théorie de la « dynamique des systèmes »), prend pour cible les « optimistes technologiques » qui pensent que le développement scientifique et ses applications pourront remédier à tous les problèmes d'épuisement des ressources naturelles :

> La croyance dans la technologie comme solution ultime à tous nos problèmes peut donc détourner notre attention du problème réellement fondamental – celui de la croissance dans le cadre d'un

1. À la tête de laquelle se trouvaient Donella et Dennis Meadows.

système fini – et même nous empêcher de prendre les mesures adéquates pour y porter remède.

En somme, l'ironie involontaire du Rapport Meadows est de recommander comme solution au problème écologique le retour au « piège malthusien » tel que défini plus haut.

Dans *Limits to Growth : The 30-Year Update* publié en 2004 [1], les auteurs reconnaissent « être beaucoup plus pessimistes qu'en 1972 ». Mais, dans le même temps, ils infléchissent sensiblement leurs conclusions : selon eux, désormais, « une transition globale vers une société soutenable est probablement possible sans réduction ni de la population ni de la production industrielle ». L'ironie veut cette fois-ci que cette vision plus optimiste soit contredite par les craintes grandissantes d'épuisement généralisé de l'hospitalité terrestre. Car l'une des originalités et l'une des forces principales du Rapport Meadows est d'avoir identifié dès 1972 la variable « pollution » comme facteur susceptible de contribuer à l'effondrement général du système socio-économique.

L'épuisement généralisé de l'hospitalité terrestre

Selon le prix Nobel de chimie Paul Crutzen et le phycologue (spécialiste des algues) Eugene Stoermer [2], l'humanité est entrée dans une nouvelle ère géologique, distincte de « l'holocène » (qui dure depuis 10 000 ans) : celle de « l'anthropocène ». Cette ère aurait commencé à la fin du XVIIIe siècle, au moment où, selon les relevés effectués sur les glaciers, la concentration de certains gaz à effet de serre a commencé à croître. C'est aussi le moment où Watt invente la machine à vapeur (1784). L'humanité serait alors devenue, avec la révolution industrielle, une « force géologique majeure » et elle

1. Donella Meadows, Jorgen Randers et Dennis Meadows, *Limits to Growth : The 30-Year Update*, Vermont, Chelsea Green Publishing Company, 2004.

2. Paul J. Crutzen et Eugene F. Stoermer. « The "Anthropocene" », *International Geosphere-Biosphere Programme Newsletter*, 41 (mai 2000), p. 17-18.

le demeurera pour des milliers d'années, peut-être même des millions. D'où l'idée d'une ère géologique dont le moteur serait l'action humaine [1].

Grâce au remarquable travail accompli par le Groupe d'experts intergouvernemental sur l'évolution du climat (GIEC) depuis deux décennies, la dynamique dramatique du changement climatique fait à présent l'objet d'un quasi-consensus international. Il est désormais établi avec 90 % de certitude [2] que la seconde moitié du XXe siècle a été caractérisée par une augmentation sensible des émissions de gaz à effet de serre (GES), de la concentration de CO_2 dans l'atmosphère et de la température terrestre. Si cette augmentation de température venait à excéder 2 degrés Celsius au XXIe siècle, les conditions de vie de l'humanité seraient menacées, de même que nombre d'écosystèmes terrestres. Or, selon les Nations Unies, les émissions de GES du fait de l'homme se sont accrues de 70 % entre 1970 et 2004 et la concentration de CO_2 dans l'atmosphère a de ce fait continûment augmenté au cours de cette période. Si rien n'était changé aux politiques actuelles, les émissions de GES croîtraient encore entre 25 % et 90 % d'ici à 2030. Le tableau 2 illustre le lien existant entre émissions de gaz à effet de serre, concentration atmosphérique de CO_2 et élévation des températures.

Pour que le réchauffement planétaire soit limité entre 2 et 2,4 degrés Celsius, il faudrait, selon le GIEC, que les émissions soient réduites globalement de 50 % à 85 % d'ici à 2050 par rapport à leur niveau de 1990. Cela supposerait une réduction d'au moins 20 % des émissions pour les pays en développement (responsables de 73 % de la croissance de celles-ci entre 2003 et 2004) et

1. On parle au sujet du changement climatique, comme de la biodiversité, de dynamiques naturelles « anthropogéniques », c'est-à-dire déterminées par l'action humaine.

2. Par attachement au débat scientifique contradictoire, les experts du GIEC pondèrent leurs prévisions de probabilités de réalisation. Mais si le risque est quantifiable, l'incertitude ne l'est en aucune manière. Nous ne sommes évidemment pas en mesure de trancher ce débat, et nous interpréterons donc ces valeurs comme des probabilités.

d'au moins 75 % pour les pays développés (responsables de 77 % des émissions cumulées depuis le XVIIIe siècle). La feuille de route délivrée par les scientifiques aux responsables politiques et aux citoyens est donc sans ambiguïté : agir vigoureusement, agir rapidement, agir globalement.

Tableau 2. ÉMISSIONS, CONCENTRATION, TEMPÉRATURE, 1860-2000.

	Émissions totales de CO_2 issu des énergies fossiles (en millions de tonnes de carbone)	Concentration observée d'équivalent CO_2 (au sens de Kyoto) en ppm	Écart à la température mondiale moyenne annuelle (au sens du GIEC)
1860	91	297	- 0,37
1900	534	308	- 0,19
1930	1053	324	- 0,16
1970	4077	354	- 0,03
1980	5348	374	0,1
1990	6196	396	0,31
2000	6981	417	0,29

Sources : Agence européenne de l'environnement et Carbon Dioxide Information Analysis Center.

Les prophètes de l'épuisement terrestre en raison du développement humain avaient-ils donc raison sans le savoir ? Faut-il freiner la croissance économique et celle des niveaux de vie ? Faut-il diminuer jusqu'au *désir* de croissance économique ? Faut-il suspendre, voire interrompre le développement humain ?

Les solutions de l'économie finie

Le principal problème que pose le monde de l'économie finie, c'est qu'il se représente comme un système fermé sur lui-même. Dans ce monde, la consommation des ressources terrestres conduit fatalement soit à leur épuisement (Jevons et le Club de Rome), soit à une limite absolue à notre enrichissement (l'état stationnaire des classiques). Partant de ces principes, on ne peut concevoir que deux solutions pour échapper au déclin. La première consiste à retarder l'avènement de l'état stationnaire par le progrès technique et la globalisation. Elle est assez convaincante, mais d'un terme trop court eu égard à l'horizon souhaitable de l'espèce humaine, car le progrès technique et l'augmentation de l'efficacité technologique par le développement du commerce international finiront bien par se heurter au mur de l'épuisement des ressources non renouvelables, sans compter les dommages irréversibles qu'ils sont susceptibles d'infliger au monde (tels que le changement climatique ou la dégradation de la biodiversité). La seconde solution est, elle, de très long terme, mais de l'ordre de l'utopie aristocratique : le système économique capitaliste, en dépit de ses graves défaillances morales, serait en mesure de satisfaire la totalité des « besoins absolus » des hommes ; alors la course à la consommation cesserait, tant paraîtrait vaine la recherche de la satisfaction des « besoins relatifs ».

Ricardo avait clairement conçu (au moins en partie) la première solution. Au chapitre VII des *Principes de l'économie politique et de l'impôt* (1817), en quelques pages, il livre sa démonstration la plus justement célèbre. Dépassant la théorie des avantages absolus d'Adam Smith pour définir le principe des avantages comparatifs, il formule du même coup la solution objective de moyen terme pour échapper à l'état stationnaire.

L'épuisement des bonnes terres, bien qu'inéluctable, peut en effet être retardé, selon Ricardo, par le commerce international. « Celui-ci permet en effet à une nation où la productivité industrielle est forte d'importer des produits agricoles en provenance des nations où la fertilité des terres garde un avantage comparatif. » Mais on comprend que le processus n'est que retardé, car la même dynamique accomplira son œuvre dans le pays exportateur de produits agricoles. Bien sûr la théorie du commerce international a connu de nombreux raffinements, notamment sous l'impulsion de Paul Samuelson, mais pour l'essentiel le message de Ricardo est préservé [1]. Aujourd'hui, qui peut nier que la mondialisation a permis à un nombre sans précédent de pays de connaître une croissance soutenue au cours des quinze dernières années ? Mais qui peut nier que, dans le même temps, cette croissance même a intensifié le prélèvement sur les ressources naturelles – fonds et stocks – comme en témoigne l'augmentation du prix des matières premières et des produits de l'agriculture ?

Dans un monde fini et selon un modèle qui conçoit le processus de croissance comme clos sur lui-même, le système économique ne tardera pas à reprendre sa marche vers l'épuisement : la question de l'état stationnaire ou du déclin est déplacée dans le temps, mais elle n'est pas résolue.

Reste la solution utopique de long terme. Son principe élémentaire ne repose pas sur un mécanisme économique objectif, mais bien davantage sur un choix moral et politique radical : renoncer au développement matériel. On peut définir en creux cette option à partir des développements de Keynes dans ses « Perspectives économiques pour nos petits-enfants [2] ».

Imaginons avec Keynes un état stationnaire nettement moins sinistre que celui de Ricardo : celui de la fin du problème économique. Au terme d'un calcul élémentaire fondé sur des hypothèses de croissance de la productivité et du capital qui s'avéreront raisonnables, Keynes, anticipant que ses petits-enfants seront huit fois plus riches que lui, affirmait qu'alors une telle élévation de la richesse des hommes permettrait la satisfaction de tous leurs besoins absolus (ces derniers étant définis comme « ceux que nous ressentons quelle que puisse être la situation des autres individus [3] »). Dans un tel état

1. « Si les théories pouvaient, comme les jeunes filles, passer des concours de beauté, il ne fait aucun doute que la théorie des avantages comparatifs obtiendrait le premier prix », écrivait Paul Samuelson.

2. Voir Jean-Paul Fitoussi, « La fin de l'histoire (économique) », *Revue de l'OFCE*, n° 102, été 2007.

3. J. M. Keynes (1930), « Economic Perspectives for our Grandchildren », *in* J. M. Keynes, *Essays in Persuasion* (1931), *The Collected Writings of John Maynard Keynes*, vol. 9, Londres, Macmillan, 1972.

d'abondance matérielle, la quête de la satisfaction des besoins relatifs (ceux destinés à assouvir notre désir de supériorité sociale) apparaîtra à ce point contraire à la « vie bonne » qu'elle ne tardera pas à être perçue comme une maladie mentale. Keynes en déduit logiquement que « le problème économique n'est pas – si l'on considère l'avenir – le problème éternel de l'Humanité » : il sera alors temps pour l'humanité d'apprendre comment « consacrer [son] énergie à des buts autres que des buts économiques ». La tâche sera certes difficile, car il faudra nous défaire des habitudes névrotiques qui ont fait le succès même du capitalisme. « L'amour de l'argent » que Keynes semble associer à la satisfaction des besoins relatifs [1] est ainsi pathologique [2], et dans un monde dans lequel tous les besoins matériels seraient satisfaits, la course à la différenciation semblerait d'autant plus immature qu'elle paraîtrait éloignée de la vie bonne.

Voilà pourquoi, selon Keynes, seuls ceux qui pourront sublimer leur manque (les besoins relatifs non satisfaits) en un idéal plus élevé trouveront le chemin du nouveau paradis. L'âge de l'abondance dont il entrevoit l'avènement n'est en effet pas promis d'emblée au plus grand nombre, mais réservé dans un premier temps aux *happy few* :

> [...] ce seront les gens qui peuvent continuer à vivre, et à cultiver l'art de vivre pour lui-même jusqu'à ce qu'ils aient atteint une plus

1. Keynes est assez clair sur ce point : « Les besoins de la deuxième catégorie, ceux qui satisfont à notre désir de supériorité, peuvent en effet être insatiables [...] mais cela n'est pas vrai pour les besoins absolus – et on atteindra peut-être bientôt le point (bien plus tôt probablement que nous ne le supposons) où ces besoins seront si bien satisfaits que nous préférerons consacrer nos énergies à des buts autres qu'économiques. »

2. D'après Skidelsky, « Keynes était fasciné par la réflexion de Freud au sujet de la pathologie de l'argent et en particulier par son association avec le caractère anal sadique et par le mécanisme freudien de sublimation. Freud lui a permis de se baser sur sa compréhension de la nature sacrificielle du capitalisme, exprimée pour la première fois dans *Les Conséquences économiques de la paix*. Ici, le prix du progrès économique est perçu comme la déformation culturelle de la "bourgeoise rentière" qui a sacrifié l'"art du plaisir" à l'"intérêt composé" » (R. Skidelsky, *John Maynard Keynes*, vol. 2, *The Economist as Saviour*, Londres, Macmillan, 1992).

haute perfection, qui ne se vendent pas pour exister, qui seront à même de jouir de [l']abondance lorsque [celle-ci] sera atteinte.

La « bourgeoisie éduquée », ceux d'Eton et du cercle Bloomsbury, seront les premiers élus du nouveau paradis terrestre keynésien d'après la fin de l'Histoire (économique). Ils ont eu le privilège d'acquérir les biens de luxe, l'éducation supérieure, la compréhension et l'amour des arts, etc. Car ils disposaient des moyens de se les offrir et du loisir de les apprécier. Les autres, « les personnes ordinaires sans talent particulier », devront s'élever d'eux-mêmes afin de profiter pleinement de la nouvelle liberté à laquelle ils ont droit. Les premiers ne seront pas les derniers, mais bien… les premiers. Bien sûr, avec le temps et dans un monde d'abondance, la classe des élites s'élargira progressivement jusqu'à englober toute la population. Dans son essence aristocratique, l'utopie keynésienne rejoint celle de ceux qui s'affirment aujourd'hui partisans de la « croissance 0 » ou même de la décroissance, et dont le raisonnement se heurte aux mêmes objections, à commencer par l'exigence de justice sociale [1]. Nous sommes peut-être aujourd'hui huit à dix fois plus riches, *en moyenne*, que nos grands-parents. Mais qu'en est-il de la répartition des revenus et des inégalités de toutes sortes ? L'Angleterre des années 1920 et 1930 ressemblait pour une part importante de la population à celle décrite plus d'un demi-siècle plus tôt par Charles Dickens. Comment concevoir dans la France d'aujourd'hui la décroissance comme horizon du développement humain alors que l'Insee comptabilise près de 8 millions de pauvres ?

Au total, les solutions ricardienne et keynésienne au problème posé par l'économie finie apparaissent à la fois trop pessimistes et trop optimistes. La théorie ricardienne ne croit pas assez dans la dynamique du progrès technique. À l'inverse, elle n'intègre encore ni la dégradation des fonds naturels ni l'épuisement des

1. Pour une critique plus détaillée de la vision de Keynes, cf. J.-P. Fitoussi, « The End of (Economic) History », *in* Lorenzo Pecchi et Gustavo Piga (éd.), *Revisiting Keynes – Economic Possibilities for Our Grandchildren*, Cambridge (Mass.), MIT Press, 2008.

ressources non renouvelables. Keynes n'entrevoit de solution que dans la sublimation de « l'amour de l'argent », ce qui le conduit à penser l'avènement d'un communisme généralisé des élites. Alors le développement vraiment humain (c'est-à-dire culturel), d'abord réservé à une élite restreinte, se poursuivra par la démocratisation générale de l'intelligence. Un rêve généreux, certes, mais qui n'en reste pas moins fondé sur la répression des désirs.

De fait, l'une et l'autre de ces solutions reflètent sur le mode allégorique le débat contemporain : Ricardo est l'inventeur de la croyance dans l'économie de marché et le progrès des techniques qu'elle peut engendrer, jusqu'à la maîtrise absolue de l'environnement ; Keynes est le père de la foi dans une plus grande solidarité qui autoriserait à mieux partager le niveau de production déjà atteint, ou même un niveau de production inférieur, sans qu'il soit besoin de poursuivre le développement économique.

C'est le Rapport Bruntland [1] (1987), « Notre avenir à tous », issu des travaux de la Commission mondiale sur l'environnement et le développement des Nations Unies pendant les années 1980, qui s'est approché au plus près de la caractérisation d'une véritable solution au problème écologique, en définissant une approche ouverte et dynamique des interactions entre économie et écologie : « Le développement durable est un développement qui répond aux besoins du présent sans compromettre la capacité des générations futures de répondre aux leurs [2] » ; « l'environnement est le lieu où chacun de nous vit et le développement est ce que nous essayons de faire pour améliorer notre sort à l'intérieur de ce même lieu. Les deux sont inséparables ». Ces deux principes guident respectivement le deuxième et le troisième chapitre de cet ouvrage.

1. Du nom de la première femme Premier ministre norvégienne qui présida aux travaux qui l'ont nourri.

2. On le verra, cette définition implique que l'on ne peut dissocier le bien-être des générations présentes de celui de nos arrière-arrière-petits-enfants.

CHAPITRE II

L'économie dynamique : les deux flèches de temps

Nous sommes, pour ce qui concerne l'analyse de l'évolution humaine, c'est-à-dire le cadre de l'économie *vraiment* dynamique, dans une grande ignorance, et, si les visions de ceux qui nous ont précédés nous semblent erronées, ce n'est pas parce que nous prétendons avoir mieux qu'eux déchiré le voile de l'incertitude, mais parce que les fondements de leurs théories nous paraissent perfectibles.

Deux « erreurs » nous semblent ainsi se répondre entre certains des auteurs évoqués au chapitre précédent. La première relève d'une foi trop grande, mais peut-être justifiée – qui le sait ? –, dans le progrès scientifique. Elle se fonde sur une vision mécaniste de l'évolution : l'humanité veut se convaincre ici que les effets du processus économique sont toujours réversibles. Cette approche cinétique de la croissance passe sous silence les nombreuses irréversibilités, notamment thermodynamiques, qui caractérisent les processus économiques et physiques, dont il sera question plus loin. L'autre « erreur » relève de l'hypothèse de l'harmonie originelle entre l'homme et la Nature : celle-ci serait un tout et l'activité économique de l'homme ne pourrait conduire qu'à sa dégradation et finalement à sa perte. Il faudrait dans cette optique rechercher le meilleur équilibre pour conserver la Nature et permettre ainsi un développement véritablement harmonieux de l'humanité, et cet équilibre serait la stagnation [1]. Mais d'où tient-on qu'en l'absence d'activité économique humaine la Nature serait statique ? N'aurait-elle connu aucun changement entre le « Big Bang » et l'apparition de la vie humaine ? En outre, la dialectique hégélienne est ici passée sous silence, alors même qu'elle conduit à souligner l'existence d'une autre irréversibilité dans le processus de développement humain : l'accumulation des connaissances. C'est en effet au travers de l'outil, des « instruments exosomatiques », dirait Nicholas Georgescu-Roegen, que l'homme cherche à mieux adapter la Nature à ses besoins. La prise en compte simultanée de ces deux processus irréversibles définit le champ d'analyse de l'économie dynamique, au sens où nous l'entendons.

Population et progrès technique

Pour se convaincre de la nécessité de raisonner dans un cadre dynamique, considérons la question de l'accroissement démographique. Les données, récemment actualisées, des Nations Unies seraient d'autant plus inquiétantes que l'on raisonnerait dans un cadre malthusien (Tableau 3). Certes, le taux de croissance de la population s'est affaibli à partir de 1970, mais le nombre d'individus supplémentaires tous les ans sur la surface du globe demeu-

1. À vrai dire, la seule stagnation ne suffirait pas (même si l'on accepte cette perspective intellectuelle) à résoudre le problème écologique. Comme le souligne Nicholas Georgescu-Roegen, il faut des stocks pour produire des flux : la production année après année d'un volume invariant de ressources détériorerait à coup sûr les stocks.

rerait de l'ordre de 14 millions en 2020, et la densité de population pourrait augmenter de 25 % entre aujourd'hui et 2050 (30 % dans les pays les moins développés).

Tableau 3. Dynamiques démographiques, 1950-2050

Période	Taux de croissance moyen de la population mondiale (en %)	Augmentation en millions d'individus de la population terrestre	Densité mondiale de population en fin de période (population au km²)	Densité des régions les plus développées	Densité des régions les moins développées
1950-1955	1,78	47,1	20	16	23
1970-1975	1,94	75,4	30	20	37
1990-1995	1,54	84,8	42	22	55
2005-2010	1,17	78,3	51	23	68
2020-2025	0,88	68,6	59	24	81
2040-2045	0,45	40,4	66	24	94
2045-2050	0,36	33,06	68	23	96

Sources : Population Division of the Department of Economic and Social Affairs of the United Nations Secretariat, World Population Prospects ; The 2006 Revision and World Urbanization Prospects ; The 2005 Revision, http://esa.un.org/unpp

À cette grande peur démographique, l'économiste d'Harvard Simon Kuznets a opposé un argument fondamental [1]. S'interrogeant sur les aspects positifs et négatifs de l'accroissement de la population mondiale, il remarque d'abord que la croissance de la population semble s'être accompagnée de la croissance de la production totale (le PIB), et non de sa baisse, et même, note-t-il, de la croissance des niveaux de vie, c'est-à-dire du PIB par tête (comme l'établissent les données longues de Maddison reproduites au chapitre précédent). L'argument essentiel de Kuznets tient à l'hypothèse qu'il fait sur la composition intellectuelle de la population :

1. Simon Kuznets, « Population Change and Aggregate Output », in *Demographic and Economic Change in Developed Countries*, Princeton, N.J., Princeton University Press, 1960.

> Supposons qu'une population compte 0,05 % de génies, 1 % de personnes douées de talent et 10 % d'individus qui possèdent des capacités de recherche de faits, de principes ou d'inventions supérieures à la moyenne.

Alors, si l'accroissement de la population ne s'accompagne pas d'une réduction dans la quantité disponible de capital par travailleur (autrement dit, si le ratio capital/travailleurs demeure constant), l'augmentation de la population conduira à une augmentation du revenu par habitant [1].

Le point central n'est pas la conformité à la réalité des proportions indiquées par Kuznets, mais le fait que son modèle est dynamique. C'est la dynamique intellectuelle qui transforme la malédiction démographique en bienfait :

> La croissance économique est fonction de la croissance du stock de savoir utile. Dès lors que, dans le cadre de mes hypothèses, la croissance démographique accroît de manière proportionnelle le nombre de créateurs de savoirs nouveaux, il doit en résulter une croissance au moins proportionnelle du stock de savoir utile, et donc, une croissance par habitant au moins aussi forte qu'à la période précédente. Si nous faisons l'hypothèse de rendements croissants des nouveaux savoirs sur la production [...], la croissance de la population contribuera à une croissance plus forte de la production par tête.

Kuznets ne fait cependant pas mystère des faiblesses de son raisonnement. Selon lui, il ne s'applique pas aux « pays sous-développés » qui souffrent « par définition » d'un manque criant

1. Kuznets conditionne ce scénario à des hypothèses complémentaires fortes qu'il s'efforce de justifier dans son article, notamment le fait que l'accroissement de la population ne conduise pas à une baisse du taux d'épargne et que la capacité de recherche de la population soit suffisamment importante pour que, à mesure qu'elle s'accroît, un « climat » favorable à l'expansion économique se développe et se maintienne.

de capital non seulement physique mais aussi humain. En outre, souligne-t-il, les structures sociales de ces pays sont incapables d'accueillir tout le potentiel de nouvelles technologies. Ce pessimisme condescendant paraît aujourd'hui dépassé. Richard Freeman, spécialiste d'économie du travail à Harvard, montre ainsi que l'adaptation technologique des pays émergents est très rapide, la Chine ayant par exemple multiplié par 5 entre 1999 et 2005 le nombre de personnes titulaires d'un diplôme du secondaire, pour le porter à 4 millions [1]. Dès 2010, ce pays « produira » davantage de docteurs en sciences et en sciences de l'ingénieur que les États-Unis. Il est au surplus indéniable que ce développement des pays émergents induit des effets redistributifs majeurs à l'échelle de la planète : si l'on compte ces pays, la main-d'œuvre globale – potentiellement incluse dans l'échange international – passe, pour la même année 2000 (à supposer que cette année signe leur intégration dans la globalisation), de 1,46 milliard d'individus à 2,92 milliards (d'où l'idée de « grand doublement » de Freeman) ; à l'échelle du monde, le ratio capital/travail, loin d'être demeuré constant, a en réalité chuté de 60 % du fait de cette expansion de la mondialisation.

La deuxième limite de sa propre théorie tient, selon Kuznets, à la pression exercée, dans les pays développés, sur des ressources naturelles limitées et sur l'offre de capital physique, mais aussi, et peut-être surtout, sur la capacité restreinte du système économique et social à s'adapter à ces changements. Si la population des pays développés augmentait brutalement, pense-t-il, le délai d'ajustement des institutions pourrait anéantir les bienfaits potentiels de l'accroissement démographique. Là aussi, l'expérience de la reconstruction européenne après 1945 (moment d'accélération démographique brutale), le développement subséquent des infrastructures et des systèmes d'éducation au cours de la période 1945-1975 et les effets

1. Richard Freeman, « The Great Doubling : The Challenge of the New Global Labor Market », transcript of the 2005 *Usery Lecture in Labor Policy*, University of Atlanta, G.A. 8, avril 2005. Monograph, 2005.

que cette expansion des politiques publiques a eus sur la croissance du revenu par habitant ne donnent pas raison à Kuznets [1].

Malgré ces limites, la force du raisonnement de Kuznets est indéniable : le processus de développement humain est marqué par la croissance irréversible des connaissances. Le cliomètre [2] Robert Fogel (1999) [3] développe même l'idée d'une évolution « technophysio » pour désigner la capacité démontrée par l'homme à réduire les taux de mortalité au cours du XXe siècle : l'évolution humaine demeure biologique, mais plus seulement génétique. Selon Fogel, ce processus d'évolution ne s'applique qu'aux 300 dernières années et en particulier au dernier siècle, et se traduit par des taux de mortalité réduits du fait de la réduction des maladies chroniques par augmentation de la taille du corps, de la vitalité et de l'efficacité des organes vitaux. L'évolution « technophysio » implique que les êtres humains ont acquis un tel degré de contrôle sur leur environnement qu'ils se distinguent à présent non seulement des autres espèces mais aussi des générations précédentes d'*Homo sapiens*. L'homme transforme jusqu'à sa propre nature ! C'est pourquoi le développement humain doit s'analyser en économie dynamique. Repartons pour ce faire des modèles d'économie mécanique.

---

1. Sans lui donner complètement tort, du moins si l'on en croit le discours dominant. Dans la théorie des échanges internationaux, il suffit que le capital soit mobile entre les nations pour que les accroissements de population, quel que soit le lieu où ils se produisent, aient le même effet sur tous les pays participant à l'échange, comme l'a montré Samuelson. Le discours politique actuel – relayé par nombre d'économistes – sur la nécessaire adaptation des institutions, et sur la résistance « irrationnelle » des populations à la mondialisation, semble faire écho à la préoccupation de Kuznets.

2. La cliométrie est la branche de l'économie qui prend pour objet l'histoire économique empirique et quantitative.

3. Robert W. Fogel, « Catching up with the Economy », *The American Economic Review*, vol. 89, n° 1 (mars 1999), p. 1-21.

Les limitations de l'économie mécanique

La Nature, conçue comme modèle physique, était au cœur de la problématique des auteurs classiques. Qui plus est, c'est à l'observation du rôle de la terre (au sens des terres agricoles) dans le processus économique que l'on doit les premiers outils de l'analyse moderne. Et pourtant, la question des ressources naturelles a été rapidement rejetée hors des frontières de la discipline et pratiquement oubliée pendant près d'un siècle et demi. Car la science économique a ensuite voulu se constituer à l'image de la mécanique newtonienne. Ce n'est que dans les années 1960-1970, sous l'impulsion des membres de l'association Resources For the Future (RFF) [1], fondée en 1952 par William Paley (Columbia University) et premier *think tank* exclusivement consacré aux questions environnementales, et de quelques économistes tels que N. Georgescu-Roegen, K. Boulding et H. Daly, que la Nature est véritablement devenue un objet d'étude pour les économistes.

Mais la théorie la plus moderne de la croissance a encore beaucoup de difficultés à intégrer la Nature comme « facteur limitatif » de celle-ci (ou « facteur limitationnel », c'est-à-dire non substituable [2]).

Cela tient en premier lieu à l'empreinte plus durable qu'on ne le croit généralement de la théorie des physiocrates, qui postulait que seule la terre était capable de donner plus qu'elle ne coûte.

Mais c'est surtout le raisonnement néo-classique (nom donné

1. Les travaux de RFF, qui appliquent les outils de l'analyse économique aux questions écologiques, font aujourd'hui référence dans de nombreux domaines, notamment les marchés de permis d'émission et la régulation environnementale ; voir le site de RFF http://www.rff.org/Pages/default.aspx

2. On doit cette notion à N. Georgescu-Roegen, « Fixed Coefficients of Production and the Marginal Productivity Theory », in *The Review of Economic Studies*, vol. 3, n° 1 (octobre 1935), p. 40-49.

à l'école marginaliste évoquée au chapitre précédent), au tournant du siècle, qui va installer dans les esprits l'idée que la croissance du revenu national peut être un processus indéfini alimenté par la croissance de la population et celle du stock de capital. En effet, dans la perspective des néo-classiques, il suffit que la population épargne pour financer l'investissement – c'est-à-dire que le stock de capital augmente –, pour que soit fait échec à la loi des rendements décroissants. Dans le domaine industriel, la production peut être doublée si l'on double le nombre des hommes et des machines : la production augmente alors proportionnellement à la population mais le niveau de vie stagne.

Pour les néo-classiques, le facteur limitatif n'est donc plus, comme pour les classiques, la terre – la révolution industrielle et la fin des famines dans le monde développé avaient montré qu'elle était capable de nourrir un nombre croissant d'habitants sans explosion des prix agricoles et de la rente foncière –, mais la population. De surcroît, cette limite est relative, car la population augmente. Il est donc possible que la production nationale s'accroisse au rythme de la croissance de la population, si le capital augmente aussi à ce rythme : la terre serait donc fondamentalement hospitalière pour nos enfants, à l'inverse de ce que pensait Ricardo. L'économie tend alors vers un état « régulier » où le taux de croissance est égal à celui de la population et où donc le revenu par habitant stagne. L'apport décisif de Robert Solow (MIT) sera, dans les années 1950, d'ajouter le progrès technique comme facteur d'« agrandissement » de la force de travail effective. Les niveaux de vie peuvent dès lors connaître une croissance indéfinie. En bref, parce qu'elle s'affranchit de la terre comme facteur limitatif, la croissance néo-classique est en fait perpétuelle si la croissance de la population et/ou du progrès technique est elle-même perpétuelle.

L'écueil de ces modèles d'économie mécanique réside d'abord dans leur conception du temps, variable dont la trajectoire linéaire et extérieure au système est censée déterminer celle de toutes les autres variables. Si, par exemple, population et capital augmentaient au taux de 2 % par an, en un siècle la production serait multipliée par 7,5. En deux siècles la production serait multipliée par 56,25 ; et si, par extraordinaire, l'humanité décidait ensuite d'une décroissance au même taux, la production retournerait, en deux siècles, à son point de départ. Le temps renvoie ici à une forme d'écoulement continu, régulier et inaltérable. Cette conception du temps rappelle la définition de Newton : « Le temps absolu, véritable et mathématique s'écoule uniformément de lui-même et du fait de sa propre nature sans aucune relation avec le monde extérieur. »

En réalité, le temps humain est plus proche de la définition de Lucrèce : « Le temps n'existe pas par lui-même, mais c'est des événements que découle le sentiment de ce qui s'est accompli dans le passé, de ce qui est présent, de ce qui viendra par la suite ; et personne, il faut le reconnaître, n'a le sentiment du temps en soi, considéré en dehors du mouvement des choses et de leur paisible repos [1]. » La dynamique consiste alors dans l'étude du changement dont les effets sont pour l'essentiel irréversibles. « L'analogie parétienne du navigateur qui n'a nul besoin de prendre en compte la géologie est mal conçue : un navigateur devrait prendre en compte la géologie si le rivage des océans changeaient aussi fréquemment que la vie économique [2]. » Et c'est bien l'irréversibilité qui procède de ces mutations perpétuelles qui est au cœur de la question environnementale, car si nous pouvions parcourir à rebours le cours de l'histoire pour défaire ce que nous avons fait, comme dans les modèles mécaniques, nos inquiétudes présentes trouveraient à s'apaiser. Or le changement a toujours une dimension qualitative

1. Lucrèce, cité *in* André Comte-Sponville, *Pensées sur le temps*, Paris, Albin Michel, 1999.

2. J.-P. Fitoussi et N. Georgescu-Roegen, « Structure and Involuntary Unemployment », *in* Edmond Malinvaud et J.-P. Fitoussi, *Unemployment in Western Countries*, Londres, Macmillan, 1980. Le changement, l'émergence de la nouveauté, modifie l'espace des choix individuels. Un agent économique ne peut donc, comme le navigateur, faire l'hypothèse que le rivage des océans est invariant.

qui échappe, pour l'instant en tout cas, à toute formalisation. Car la dynamique pertinente pour notre propos est liée non pas au temps comme mesure invariante, mais à certaines ruptures qualitatives qui déterminent notre évolution. Les processus qu'elle étudie ont une épaisseur historique, c'est-à-dire qu'ils sont orientés de façon irréversible.

De la mécanique à la thermodynamique

Les modèles dynamiques « mécaniques » sont ceux que nous utilisons le plus fréquemment lorsque l'objet de l'étude est partiel ou de court terme et qu'il nous permet de ce fait de négliger les interactions entre activité économique et environnement, c'est-à-dire les irréversibilités. Ces modèles nous ont donc bien servi et leur usage demeure toujours absolument nécessaire comme étape méthodologique pour tester la cohérence de nos raisonnements [1].

Mais pour ce qui concerne l'objet de ce livre, la mécanique nous ferait manquer l'essentiel [2] : en effet, elle n'a besoin de distinguer que la masse, la vitesse et la position pour fonder les concepts de cinétique et d'énergie potentielle. Il en résulte qu'elle réduit tout processus à une locomotion et à une variation dans la répartition de l'énergie. Mais, selon les principes scientifiques de conservation de la masse et de l'énergie, la locomotion n'altère en quantité et en qualité ni l'une ni l'autre. Si le processus économique n'était qu'un analogue mécanique [3], il en résulterait qu'il ne pourrait affecter ni

1. Voir à nouveau sur ce point J.-P. Fitoussi et N. Georgescu-Roegen, « Structure and Involuntary Unemployment », *ibid.*

2. Pour une analyse plus détaillée de ce point, voir N. Georgescu-Roegen, *Energy and Economic Myths : Institutional and Analytical Economic Essays*, New York, Pergamon Press, 1976, chap. 1.

3. Il est intéressant de souligner que le programme de recherche scientifique que Robert J. Lucas – le père fondateur de l'école des anticipations rationnelles – assigne aux économistes est précisément de construire des « analogues mécaniques » de l'éco-

la matière ni l'énergie qui constituent son environnement. L'activité économique de l'homme pourrait ainsi être complètement dissociée du monde qui l'entoure, parce qu'elle n'y produirait aucun changement qualitatif irréversible [1]. En d'autres termes, la mécanique ne contient aucun marqueur du passage du temps. Elle ne nous permet pas de distinguer entre hier et demain, l'environnement d'un fonctionnement mécanique du monde étant invariant. Un observateur venant d'une autre planète, et qui n'aurait pas pris la précaution de tenir un agenda, ne pourrait rétablir la chronologie de ses voyages sur terre tant la Nature lui semblerait immuable.

C'est pourquoi, dans son essai de 1970, « La loi d'entropie et le problème économique », N. Georgescu-Roegen (1976) [2] se montre mordant avec les modèles mécanistes néo-classiques :

> L'histoire de la pensée économique a été témoin d'un événement curieux : des années après que le dogme mécaniste a perdu sa suprématie en physique et son emprise sur la philosophie, les fondateurs de l'école néo-classique ont entrepris d'ériger une science économique calquée sur la mécanique, et même, selon l'expression de Jevons, sur « la mécanique de l'utilité et de l'intérêt individuel [3] ».

Georgescu-Roegen mérite le titre de pionnier de l'économie dynamique au sens où nous l'avons définie. Ses travaux sur les rela-

---

nomie à partir desquels ils pourraient générer les séries statistiques que l'on observe dans la réalité.

1. Un exemple simple permet de comprendre de façon heuristique ce qui sépare la mécanique de la dynamique. Il suffit de remonter le *mécanisme* d'une montre pour que ses aiguilles reprennent leur mouvement. Il en va différemment avec une montre alimentée par une pile : son mouvement implique l'usage de ressources limitées. En un sens, la première est indépendante du temps, puisque ce dernier peut être littéralement remonté, alors que la seconde est inscrite dans le temps, celui de la décroissance de ressources épuisables. Auquel des deux « mécanismes » la vie économique s'apparente-t-elle le plus ?

2. N. Georgescu-Roegen, *Energy and Economic Myths…*, *op. cit.*

3. Georgescu-Roegen fait ici référence à W. Stanley Jevons, *The Theory of Political Economy*, 4e éd., Londres, Macmillan, 1924, p. 21.

tions entre les processus économiques et la physique posèrent les premiers jalons de la compréhension de la nature irréversible du processus économique. Les lois de la thermodynamique, et notamment la loi d'entropie, jouent un rôle central dans son analyse. La pertinence de ces lois est aujourd'hui contestée par les physiciens eux-mêmes au motif que le monde est un système ouvert sur l'univers. Mais convenons que pour l'horizon qui est le nôtre, disons celui du XXIe siècle, elles demeurent valables.

Née d'un mémoire de Sadi Carnot (1824), la thermodynamique établit que, dans l'univers, la quantité d'énergie libre (susceptible d'être transformée en travail mécanique) diminue avec le temps. Il s'agit donc d'une loi temporelle d'évolution qui nous renvoie à la finitude du monde, tout en laissant dans l'indétermination le moment où surviendrait « la mort de la chaleur », selon l'expression des premiers artisans de cette théorie.

Il convient de rappeler que de nombreux chercheurs tentèrent sans grand succès de formuler une théorie « entropique » de l'économie et de la société, en particulier au cours des années 1970. Mais Georgescu-Roegen lui-même ne pensait pas qu'une telle élaboration parallèle fût utile, ni même souhaitable, dans un domaine caractérisé par des incertitudes aussi fondamentales :

> L'évidence millénaire que la vie va toujours dans une seule direction suffit comme preuve de l'irréversibilité de la vie pour l'esprit courant, mais pas pour la science [...]. La thermodynamique classique, en apportant la preuve – valable suivant le code de procédure scientifique officiel – qu'il existe des processus irréversibles même dans le domaine physique, a réconcilié l'état de la science avec le bon sens.

L'important était pour lui d'établir que le processus économique ne peut pas être autonome et qu'il engendre du fait de ses multiples interactions avec la nature des conséquences irréversibles :

> Le processus économique est solidement arrimé à une base matérielle qui est soumise à des contraintes bien précises. C'est à cause de ces contraintes que le processus économique comporte une évolution irrévocable à sens unique [1].

Ainsi, nous puisons dans des stocks de ressources naturelles non renouvelables (pétrole, matières premières, etc.) et dégradons ou modifions qualitativement les fonds environnementaux en leur imposant un rythme d'exploitation supérieur à leur capacité de régénérescence (terres agricoles, eau, ressources maritimes, etc.).

La loi d'entropie nous rappelle qu'il existe une flèche de temps et que nous laisserons aux générations futures un patrimoine naturel moindre et sans doute moins adapté à leurs besoins que celui que nous avons trouvé à notre naissance. Plus encore, le fait que l'exploitation des stocks de ressources épuisables libère la « vitesse » économique (la croissance) du rythme écologique contribue à la dégradation des fonds, notamment de la biosphère, et peut susciter des changements irréversibles dans l'évolution du climat (voir *supra* chapitre premier).

Le message de la loi d'entropie peut paraître exagérément pessimiste, en ce qu'il oriente l'avenir dans une seule direction, la dégradation, et ne nous laisse comme perspective que celle de retarder l'avènement de la fin de l'aventure humaine (de fait, Georgescu-Roegen étend la loi d'entropie à la matière et pense que celle-ci fait aussi l'objet d'une dégradation entropique).

Les énergies renouvelables, qui par définition échappent à l'emprise de la loi d'entropie, invalident-elles la vision de Georgescu-Roegen ? Ce que l'on en sait pour l'instant n'est pas de nature à apaiser nos inquiétudes. Leur coût est pour l'essentiel prohibitif – sauf peut-être pour le potentiel hydraulique des pays en développement, notamment en Afrique. Les perspectives du Conseil

1. N. Georgescu-Roegen, *Analytical Economics : Problems and Issues*, Cambridge-Londres, Harvard University Press, 1966.

mondial de l'énergie attribuent à l'ensemble des énergies renouvelables au moins 20 % de la satisfaction des besoins futurs à l'horizon 2050. Aller au-delà (30-40 %) met en jeu des interrogations majeures sur l'extension de l'usage des sols. À l'horizon 2100, l'éventail des possibles est plus ouvert : les énergies renouvelables pourraient occuper une place importante dans les sources d'approvisionnement de la planète. Cela dépendra du développement de technologies dites *backstop*, c'est-à-dire de technologies qui permettraient l'existence d'énergies infiniment renouvelables à un coût raisonnable. Quant aux hérauts de l'économie de l'hydrogène, leur enthousiasme est fondé sur la prophétie d'une rupture technologique majeure, car l'hydrogène n'est qu'un vecteur énergétique qui exige à l'amont une source primaire d'énergie [1]. En somme, rien ne permet de penser aujourd'hui que, même à long terme, nos économies puissent se passer des énergies fossiles [2].

L'humanité doit-elle donc renoncer à s'émanciper un jour, même partiellement, de la loi d'entropie ?

Les deux flèches de temps

Le danger pointé par Vitousek et ses coauteurs [3] est fondamental : « Nous changeons la planète plus vite que nous ne la comprenons. » Cette affirmation indique un déséquilibre entre les deux temporalités qui définissent le développement humain.

En effet, pour notre bonne fortune, la loi d'entropie n'est pas la seule flèche de temps qui gouverne notre évolution. Il en est une seconde, bien compris par Kuznets, moins tangible mais tout

1. Pour une vision plus détaillée des perspectives énergétiques de long terme, voir J.-P. Fitoussi, *EDF, le marché et l'Europe*, Paris, Fayard, 2003, p. 155-178.

2. L'énergie nucléaire dépend aussi d'une ressource épuisable, l'uranium. Certes nous ne savons utiliser aujourd'hui que l'uranium 235 dont les réserves seraient de 60 ans, alors que l'uranium 238 est en quantité près de 100 fois plus importante. Mais saurons-nous l'exploiter ? Là encore, tout dépend du progrès des techniques.

3. P. Vitousek *et al.*, « Human Domination of Earth's Ecosystems », art. cité.

aussi déterminante : l'augmentation des connaissances. Le tableau 4 donne une illustration de ce progrès irréversible du savoir humain en retraçant, de 1890 à 2000, le coût économique d'opérations aussi standard dans le traitement de l'information que les additions et les multiplications (par exemple, dans le domaine de la comptabilité). La mise en place des calculatrices électro-mécaniques entre 1890 et 1900 explique un premier décrochement brutal, puis celle des ordinateurs entre 1940 et 1950, un second effondrement de ces coûts. Au terme de la période considérée, après un siècle de progrès technique, ceux-ci tendent clairement vers zéro [1].

Tableau 4. Coût de traitement de l'information dans les pays de l'OCDE*

(coût en $ US de 2005 par million d'opérations)

1890	19700
1900	8160
1910	3830
1930	2980
1940	1630
1950	30,5
1960	1,51
1970	0,399
1980	0,00302
1990	0,0000927
2000	0,0000000729

Source : OCDE.

* Coût de calcul d'une opération standard (somme et multiplication). Estimations fondées sur les calculs effectués manuellement en 1890, avec des calculatrices électromécaniques entre 1900 et 1940, et sur ordinateurs par la suite.

1. Une autre manière de prendre la mesure de l'irréversibilité du savoir humain et de sa portée temporelle consiste à considérer les progrès de la théorie de l'évolution. Celle-ci a permis de reconstituer avec un degré élevé de certitude scientifique des milliards d'années d'histoire naturelle (et des millions d'années d'histoire humaine), depuis la formation de la terre et l'apparition des premiers êtres vivants. Or, cette théorie a progressé de manière fulgurante en seulement 150 ans, depuis la publication des travaux indépendants mais concordants de Darwin et Wallace au milieu du XIXe siècle jusqu'aux travaux contemporains de Stephen Jay Gould.

Une double irréversibilité marque ainsi le développement de l'humanité : la décumulation des stocks de ressources épuisables ou la dénaturation tout aussi irréversible de certains fonds environnementaux d'un côté, l'accumulation des savoirs et du progrès des techniques de l'autre. Le temps de l'économie est, pour ces raisons, irréductiblement orienté : entropique pour les ressources et historique pour les institutions de production, d'organisation et de diffusion des connaissances [1]. Les perspectives d'évolution du système formé par les sociétés humaines tiennent en partie à l'espace aménagé entre ces deux processus dynamiques, écart qui peut faire penser à celui qui sépare les deux lames d'une paire de ciseaux. On peut ainsi décider d'une croissance aussi forte que l'on veut (donc d'un prélèvement correspondent sur les stocks de ressources) à condition de disposer d'un niveau de connaissances suffisant pour assurer la pérennité du système.

Cette double irréversibilité ne doit cependant pas faire penser à une parfaite symétrie car les mouvements qu'elle suggère ne sont pas de même nature. Le terme d'accumulation est peut-être impropre lorsqu'on l'applique au progrès technique : la connaissance peut être cumulative, sans cependant avoir d'effets cumulatifs. Le progrès technique a habituellement pour effet de rendre obsolètes d'anciennes technologies et joue donc davantage dans le sens de la substitution que dans celui de la complémentarité. Qui plus est, les applications technologiques qu'il engendre ne sont pas généralement synchrones au sein d'un même espace économique.

1. De plus, ces dernières sont matérialisées dans un capital physique dont l'inertie a été soulignée par Georgescu-Roegen dans ses travaux sur la théorie de la production (cf. notamment, Nicholas Georgescu-Roegen : « The Economics of Production », *American Economic Review, Richard T. Ely Lecture*, n° 2, mai 1970). Un bien capital peut en effet être produit en un jour, mais il faut des années ou des milliers d'heures d'utilisation pour qu'il soit amorti au sens économique du terme. Il existe ainsi une asymétrie fondamentale entre les processus d'accumulation et de décumulation des biens physiques, asymétrie qui engendre une autre irréversibilité dans le système économique.

De la rareté au délai

La loi d'entropie implique que nous substituions aux catégories de l'analyse économique statique des concepts mieux adaptés à la prise en compte de cette variable fondamentale qu'est le passage du temps. Les sociétés actuelles sont des systèmes évolutifs pour lesquels le temps, au lieu d'être un substrat amorphe, devient endogène dans la mesure où leur activité passée crée des irréversibilités qui orientent à leur tour leur devenir. C'est pourquoi, à la notion de rareté des théories anciennes, il convient d'ajouter celle de délai.

Différer une consommation ou une jouissance matérielle peut être un acte positif. Le délai d'attente peut être considéré sous le même jour pour ce qui est des rapports entre le système de production et son environnement. Ce dont il s'agit de profiter ici, c'est l'indétermination du processus entropique. Ce délai laisse alors au système la possibilité de reculer le moment de l'équilibre final, en tirant parti du progrès technique et de l'accumulation des connaissances. Mais le temps ne suspend pas son vol, et l'attente peut avoir un coût économique considérable. C'est pourquoi la notion de délai est multidimensionnelle et définit elle-même un processus continu : information, recherche, économie (d'énergie), investissement, etc. Elle est en quelque sorte une allégorie de l'activité de réflexion de l'homme, toujours pris entre passé et avenir, cherchant à utiliser au mieux la science du présent et à innover pour préparer celle du futur.

Pour autant, de nombreux exemples montrent que les hommes n'utilisent pas toujours l'information dont ils disposent et ne mettent pas à profit le délai qui leur est donné. L'état catastrophique des fonds marins en est le meilleur exemple : alors même que la quantité d'informations sur la démographie des espèces va croissant, la pêche de par le monde n'en tient que très peu compte (Tableau 5). Le résultat est accablant : les espèces pleinement exploitées ou surexploitées constituent plus des deux tiers des stocks mondiaux, quand les espèces en voie de régénération ne représentent que 1 % du total. À ce rythme, la ressource sera définitivement épuisée avant que les moyens de la préserver à long terme n'aient été découverts et mis en œuvre.

Tableau 5. STATUT DES STOCKS MONDIAUX DE POISSONS EN 2005.

Sous-exploités	3 %
Modérément exploités	20 %
Pleinement exploités	52 %
Surexploités	17 %
Épuisés	7 %
En voie de régénération	1 %

Source: FAO 2007 (Rapport SOFIA 2006).

Bien entendu, on peut comprendre les raisons de cette surexploitation : pour certaines professions (les pêcheurs, en l'occurrence), l'attente est un luxe inabordable. Il convient dès lors de considérer la notion de délai comme un bien public produit par les gouvernements et mis en œuvre par des systèmes d'incitations correspondant aux choix de long terme. Autrement dit, la notion de délai ne peut exister que dans le temps long de la démocratie.

Cependant, même en adoptant une telle stratégie, il est des domaines absolument vitaux dans lesquels le mur de la rareté ne pourra être indéfiniment reculé, du moins sans une dissociation encore plus radicale de l'homme et de la planète (la conquête spatiale, par exemple). Nous l'avons, en effet, appris de Carnot : il existe une quantité limitée et décroissante d'énergie libre dans un monde fini, et donc une limite théorique au système – au sens où son avènement est indéterminé – indépendante de l'état de la science et de la technique. Il nous faut donc simultanément réduire la vitesse d'altération des écosystèmes terrestres et accélérer leur compréhension.

Or, la Nature comme la connaissance sont des biens publics et en cela exigent l'intervention de l'État pour être « produits » en quantité suffisante. La seule issue au problème de la finitude de notre monde est donc de tenter de maintenir grandes ouvertes les lames de la paire de ciseaux en investissant dans l'éducation et la recherche – notamment d'énergies renouvelables et de tout ce qui peut réduire le contenu énergétique de notre niveau de vie –, et dans la préservation de l'environnement, en inventant les moyens et les régulations susceptibles de ralentir le processus de décumulation des ressources naturelles.

Mais cette stratégie, qui suppose une intervention permanente et avisée de la puissance publique, ne saurait suffire à assurer le progrès, elle permettra au mieux de ne pas interrompre le développement humain. Pour concilier écologie et progrès, il importe finalement de comprendre que derrière la question écologique se pose celle de la justice sociale.

CHAPITRE III

L'économie ouverte : écologie et progrès humain

« Dans la théorie néo-classique, les objets théoriques ne sont pas les actions humaines telles que nous les connaissons, mais "les prix et quantités". Elle opère ainsi une coupure avec l'histoire et les humanités : la théorie néo-classique de la croissance est justement célèbre pour n'avoir rien d'humain. »

EDMUND S. PHELPS [1]

L'environnement de l'économie

Nous l'avons vu, le monde économique n'est pas un univers clos et autonome, régi par des lois indépendantes de la vie sociale et biologique. L'économie, en tout cas celle qui procède du paradigme de la régulation externe, est par définition ouverte, même si elle n'en donne que rarement l'impression.

L'histoire de son évolution depuis l'aube du XXe siècle permet de comprendre les raisons de son « splendide isolement » apparent.

1. « Théorie macroéconomique pour une économie moderne », Conférence Nobel, trad. É. Laurent et J. Le Cacheux, *Revue de l'OFCE*, n° 102, été 2007.

L'élection de Charles Franklin Dunbar à la tête de l'American Economic Association en 1892 a marqué le début d'une tentative en partie réussie d'autonomisation de l'économie par rapport à la philosophie éthique (chère à Richard T. Ely)[1]. Ce détachement, symbolisé par le glissement dans les années 1890 de l'expression « political economy » (économie politique) au terme « economics » (science économique), a permis à certains courants de l'économie de faire mine de se retrancher modestement dans leur domaine de compétence, en s'efforçant de s'abstraire des « émotions » induites par les débats éthiques pour bâtir, la tête froide, une véritable science[2]. La modestie des débuts s'est muée au cours du XXe siècle[3] en soif de conquête du monde social et de ses disciplines intellectuelles qui ont souvent, parfois à raison, le désagréable sentiment d'être à la fois méprisées et phagocytées par l'économie. Comme le souligne avec humour Axel Leijonhufvud, c'est que la tribu des économistes a su construire autour de leur discipline une barrière infranchissable pour les autres mais perméable pour elle : l'hypothèse de rationalité. L'économie peut alors, par sa médiation, pénétrer tous les autres champs disciplinaires – le politique, le social, le normatif, etc. – mais rendre des plus coûteux à parcourir le chemin réciproque. L'hypothèse de rationalité[4] implique en effet que les agents économiques « optimisent », c'est-à-dire qu'ils agissent pour le mieux, compte tenu des contraintes qu'ils perçoivent. En

1. Voir Edward S. Mason et Thomas S. Lamont, « The Harvard Department of Economics from the Beginning to World War II », *The Quarterly Journal of Economics*, vol. 97, n° 3 (août 1982), p. 383-433.

2. Le texte fondateur de cette approche « séparatiste » est sans doute celui de Charles Franklin Dunbar, « The Reaction in Political Economy », premier article du premier volume du *Quaterly Journal of Economics* publié en 1886.

3. Le moment charnière de cette conquête sera le développement de la formalisation et des techniques quantitatives dans l'après-guerre, qui permettra la constitution progressive des trois piliers de l'économie « moderne » (formalisation, théorie des jeux et économétrie), voir sur ce point David Warsh, *Knowledge and the Wealth of Nations : A Story of Economic Discovery*, New York, W. W. Norton, 2006.

4. Voir J.-P. Fitoussi, *L'Enseignement supérieur de l'économie en question. Rapport au ministre de l'Éducation nationale*, Paris, Fayard, 2001, chap. 1.

pratique, cette hypothèse revient à présenter le problème auquel est confronté l'homme dans ses multiples dimensions (économique, politique, sociale et même morale) comme celui de la maximisation sous contrainte d'une fonction. Elle est évidemment le lieu privilégié de la mathématisation du discours et fait l'objet d'une contestation permanente, y compris par les économistes qui l'utilisent. Cette contestation a donné lieu à des recherches fécondes telle que celle d'Herbert Simon sur la rationalité limitée, ou celles portant sur la « calculabilité » et qui empruntent le plus souvent aux neurosciences. Cette hypothèse de rationalité a le mérite de la simplicité, car dès que l'on reconnaît que l'individu dispose d'une certaine liberté, on ne voit pas pourquoi il n'agirait pas au mieux de ce qu'il *perçoit* être son intérêt (celui-ci étant déterminé par son système de préférences). Le débat entre économistes porte plutôt sur la pondération respective qu'il faut accorder aux choix et aux contraintes, le paradigme de la régulation externe soulignant l'importance des contraintes qui encadrent les choix et les vident parfois de leur substance.

Les sociologues critiquent volontiers les économistes qui, selon eux, accordent trop de place aux choix, et pas assez aux contraintes, c'est-à-dire sont insuffisamment déterministes. Certains doutent même de l'intérêt scientifique de considérer l'espace des choix, et y voient le cheval de Troie des idéologies. Mais il existe parmi les économistes des positions très différentes quant à l'importance relative à accorder à l'espace des choix et à celui des contraintes. Quelles sont les parts de liberté et de déterminisme qui caractérisent nos actions ? De ce point de vue, la théorie économique est beaucoup moins unifiée qu'on le pense et que beaucoup le disent. Plus encore, comme le souligne Kenneth Arrow, l'hypothèse de rationalité, prise isolément, est faible. Sa force apparente ne provient que de l'adjonction d'hypothèses supplémentaires, considérées comme auxiliaires, mais qui de fait sont déterminantes [1].

1. K. J. Arrow, « De la rationalité de l'individu et des autres dans un système économique », *Revue française d'économie*, hiver 1987.

Aussi, en dépit de sa réputation de citadelle imprenable qui alimente les discours sur son inutilité, l'économie est une discipline beaucoup plus ouverte qu'on ne le croit le plus souvent [1].

On voit bien à quel point le débat sur la rationalité, dans ses fondements philosophiques, recoupe celui que nous avons sur l'écologie. Les positions qui s'y affrontent peuvent être caractérisées comme ayant des coordonnées différentes sur le plan défini par l'espace des choix et des contraintes : la croyance au progrès technique signifie que l'éventail des possibles (et donc des choix) n'est pas condamné à se refermer de façon inexorable ; alors que la vision qui projette sur l'avenir les contraintes du présent ne peut conduire qu'à la prédiction de la décroissance.

Mais qu'en est-il de l'éthique ? Car si l'économie faisait l'économie de l'éthique, comment pourrait-elle ne serait-ce que poser la question écologique ? Comme toujours, la réponse à cette question dépend de l'économiste davantage que de l'économie, de la vision du monde qu'il porte en lui davantage que des canons du moment de sa discipline.

Le bien-être des générations présentes est analytiquement distinct de celui des générations futures. On peut très bien poser la question écologique eu égard au premier, sans se préoccuper du second. Après tout, la dépollution de l'air sert les générations présentes, mais le moyen technique utilisé pour y parvenir pourrait nuire aux générations futures (si, par exemple, il était intensif en énergie non renouvelable). L'affaire des ordures de Naples a ici valeur d'allégorie : les générations des années 1950 et 1960 avaient cru pouvoir régler le problème à bon compte, c'est-à-dire sans investir et donc sans renoncer à une consommation immédiate. Il en résulte que celles des années 2000 héritent d'une nuisance considérable (vivre dans une cité envahie par les ordures) qui exige

1. La théorie des choix collectifs en est l'un des meilleurs exemples. De Condorcet à Arrow et Sen, elle a permis d'éclairer beaucoup mieux les limites et les potentialités de la démocratie que bien des courants de la science politique.

un investissement tout aussi considérable pour y remédier. On comprend dès lors comment, dans le cadre des mêmes modèles économiques et des mêmes représentations sociales, il est possible de faire plus ou moins justice aux générations futures. C'est là que la sensibilité de l'économiste, sa perception des autres dimensions du monde, intervient. Et elle est forcément exogène à l'économie, preuve de l'impossible autonomie de cette dernière. Par exemple, la théorie de l'épargne de Milton Friedman fut critiquée au motif qu'elle supposait que les agents se comportent comme s'ils allaient vivre éternellement – ce qui signifie qu'ils devaient accorder au bien-être de leurs descendants la même importance qu'à leur propre bien-être.

C'est par la médiation de deux ouvertures béantes du champ de l'économie – que l'on qualifie généralement d'hypothèses – que le souci d'équité à l'endroit des générations futures est généralement introduit : le degré d'altruisme et le taux de préférence temporelle, les deux étant liés, du moins pour ce qui concerne le souci des générations futures. De façon heuristique, le raisonnement est simple : le taux auquel on escompte le temps, disons, pour faire vite, le taux d'intérêt, étalonne la valeur du futur. S'il est faible, le futur aura beaucoup d'importance et l'on raisonnera à long terme. Un taux d'intérêt nul signifie que la valeur du futur est égale à celle du présent : l'horizon temporel des décisions de la société est alors infini. On peut, à la limite, imaginer une société accordant tellement d'importance aux générations à venir qu'elle pratique un taux d'intérêt négatif : les parents accepteraient de se priver de 100 euros aujourd'hui, pour permettre à leurs enfants de disposer de 80 euros dans 20 ans. Le taux d'escompte de la consommation va alors déterminer l'importance que nous accorderons à l'environnement en tant que legs aux générations futures.

De façon plus précise, le taux d'escompte de la consommation est, pour la question qui nous occupe, un concept qui ne recoupe pas tout à fait celui de taux d'intérêt ; il est la somme de deux éléments : le taux social de préférence temporelle (pour le présent) d'une part, et d'autre part un paramètre qui dépend de la croissance de la consommation et de la décroissance de son utilité [1]. Ce second élément est d'autant plus élevé, et avec lui le taux d'escompte, que la décroissance de l'utilité marginale de la consommation est forte. En effet, pourquoi se priver aujourd'hui si l'utilité que retirent nos descendants de cette privation est si faible ? Les conclusions spectaculaires du Rapport Stern sur l'économie du changement climatique [2] viennent en partie, mais en partie seulement, de ce que son auteur a choisi un taux d'escompte particulièrement bas, et ce faisant accordé une valeur importante – selon ses critiques, trop importante – au futur (0 pour le taux social de préférence pour le présent et 1 pour le paramètre mesurant la décroissance de l'utilité, alors qu'habituellement les économistes utilisent une valeur proche de 3). Peut-on pour autant lui en tenir rigueur ? Non, car les considérations morales et relatives à la survie de l'espèce humaine ne peuvent être dissociées du raisonnement proprement économique.

L'autonomie de l'économie est donc une chimère, elle a toujours été une chimère. Et c'est au sujet de la question écologique que cette vérité est aujourd'hui la mieux comprise et la plus évidente : le processus économique y apparaît naturellement comme participant d'un échange réciproque avec son environnement. Cet échange est bien réciproque et ne se résume pas à l'économie de l'environnement, discipline en pleine expansion qui vise à mobiliser les ressources de la théorie économique [3]

1. Lorsque nous serons huit fois plus riches, comme le pensait Keynes, l'utilité que nous accorderons à une paire de chaussures supplémentaire sera bien moindre – selon Keynes, elle sera nulle – que celle que nous accordons à une paire de chaussures supplémentaire aujourd'hui.

2. Sir Nicholas Stern, *The Economics of Climate Change*, Cambridge U.K., Cambridge University Press, 2007.

3. Notamment ses nombreux instruments d'action publique utiles en matière écologique, tels que la fiscalité, les marchés de permis d'émission, les subventions, les normes et standards, etc. Pour une application à la stratégie européenne en matière de changement climatique, voir J.-P. Fitoussi, É. Laurent et Jacques Le Cacheux, « La stratégie environnementale de l'Union européenne », *Revue de l'OFCE,* n° 102, 2007/3, p. 381-413. Pour une application au cas de la fiscalité française, voir É. Laurent

pour contribuer à résoudre les questions écologiques, comme le changement climatique.

Les économistes sont en effet omniprésents dans les débats écologiques contemporains, où ils représentent le point de vue des sciences sociales, entre les sciences dures et les sciences de l'ingénierie. Le changement climatique est emblématique de cette chaîne de connaissance ; l'analyse économique passe au cœur du problème environnemental posé par l'altération humaine du climat terrestre : elle ne peut guère se prononcer, en amont, sur la validité du consensus scientifique et encore moins, en aval, sur les qualités technologiques respectives des méthodes de limitation des émissions de gaz à effet de serre. Elle peut en revanche offrir son expertise pour étudier la pertinence des modèles utilisés pour calculer les effets de moyen et long terme du changement climatique sur les modes de vie. Et elle peut également trancher le problème de l'efficacité potentielle des systèmes d'incitation envisagés pour atteindre des objectifs environnementaux donnés. Mais si l'économie propose, c'est le politique qui dispose.

Il importe donc de bien comprendre que l'échange entre l'économie et l'environnement n'est pas univoque mais à double sens : l'économie peut être mobilisée pour servir l'écologie, mais la question écologique est elle-même au cœur du monde économique. Et toutes deux ne sont que des sous-ensembles de la question de la justice sociale, c'est-à-dire de la question démocratique. Pour paraphraser le Rapport Brundtland, le développement durable est un développement qui répond à l'exigence de justice dans le présent tout en permettant d'y répondre dans l'avenir. Le lien entre démocratie et écologie est tout simplement essentiel.

Essayons d'en comprendre la raison profonde. Nous avons vu plus haut que le bien-être des générations présentes pouvait être dissocié de celui des générations futures et qu'il pouvait même

---

et J. Le Cacheux, « Grenelle de l'environnement : peut-on se passer d'une nouvelle fiscalité écologique ? », *Lettre de l'OFCE*, n° 291, 23 octobre 2007.

s'accroître aux dépens de ces dernières. En d'autres termes, il existe en théorie un arbitrage politique entre les deux. L'une des clés de cet arbitrage est le taux social de préférence temporelle, que Stern et son équipe ont choisi d'égaler à 0. C'est bien évidemment le débat politique, c'est-à-dire la démocratie, qui doit, dans la pratique, déterminer ce taux. Naguère en France, au temps faste du Plan, le taux d'actualisation applicable aux investissements publics (taux lié au taux social de préférence temporel) était ainsi déterminé par concertation entre les membres de la société civile, et ensuite soumis au Parlement. Mais alors on pourrait dénoncer la naïveté du Rapport Brundtland dans sa définition du développement durable. Les relations entre générations ne sont en effet pas si simples que l'on puisse faire l'hypothèse d'un altruisme généralisé [1]. Il est cependant un domaine où le bien-être des générations présentes et celui des futures peuvent être considérés comme davantage complémentaires que substituables et c'est celui de la justice sociale. Si cette dernière n'est pas une condition suffisante, elle semble, à tout le moins, une condition nécessaire à l'altruisme intergénérationnel. Pour au moins deux raisons : la première relève de l'ordre de la conjecture et la seconde de la contrainte.

Dans une société où prévaudrait un sentiment d'injustice, où les tendances au repli sur soi et au conflit domineraient, il nous semble qu'il y aurait peu de place pour l'altruisme intergénérationnel. L'*Homo economicus*, « le fou rationnel », comme dirait Amartya Sen, n'a d'intérêt que pour lui-même, en ce que son bien-être est supposé totalement indépendant de celui des autres. Il serait difficile de postuler, dans un monde où l'équité horizontale (intragénérationnelle) ne tiendrait aucune place, que l'équité verticale (intergénérationnelle) préoccuperait la société. C'est une autre façon de souligner l'impossible autonomie de l'économie, sa nécessaire ouverture sur le système politique. La seconde raison

1. Pour se convaincre de la faiblesse de cette hypothèse, il suffit par exemple de penser au problème des retraites.

est relative à l'état des inégalités : lorsque celles-ci sont fortes, une part importante de la société ne peut guère se projeter dans l'avenir, alors même qu'elle le souhaiterait. Les contraintes de la vie quotidienne l'enferment dans le présent. C'est encore une fois sur le terrain du politique que se conjuguent ces deux dimensions de la justice sociale : « La gestion des différences constitue le centre de la vie politique. C'est à départager le champ de ce qui doit être égal et de ce qui peut rester inégal que consiste avant tout l'activité démocratique. C'est d'ailleurs pour cette raison très profonde que la politique ne se confond pas avec la gestion. L'objet même de la politique est en fait celui d'une délibération sur les normes de la justice [1]. »

Démocratie et « catastrophes naturelles »

Les « émeutes de la faim » qui ont frappé nombre de pays en développement en 2008 sont une préfiguration de ce que serait le monde si les effets catastrophiques du changement climatique venaient à se réaliser. L'analyse développée par Amartya Sen [2] du rapport entre famine et démocratie est ici particulièrement éclairante pour comprendre le lien qui existe entre répartition des ressources et démocratie. Comme il l'écrit, « une famine est le signe que les gens n'ont pas assez à manger, non qu'il n'y a pas assez à manger ». La notion centrale de son raisonnement est celle de « droits d'accès » accordés ou non aux populations les plus fragiles. La conclusion bien connue de Sen est d'une actualité absolue : « Jamais une famine n'est survenue dans un pays respectant les règles démocratiques et le multipartisme [3]. » Du fait

1. J.-P. Fitoussi et Pierre Rosanvallon, *Le Nouvel Âge des inégalités*, Paris, Seuil, 1996.
2. Amartya Sen, *Poverty and Famines : An Essay on Entitlement and Deprivation*, Oxford, Oxford University Press, 1981.
3. Amartya Sen, *Un nouveau modèle économique*, Paris, Odile Jacob, 1999.

de l'existence d'élections, de partis d'opposition, de canaux d'expression publique ouverts à la critique, « l'onde de choc de la famine ébranle jusqu'aux dirigeants politiques et l'élite au pouvoir » dans une démocratie, contrairement à ce qui se passe dans une dictature. La démocratie a donc, selon Sen, un rôle « protecteur » contre les effets des catastrophes naturelles. On aurait tort de se représenter cette analyse comme ne valant que pour les pays pauvres ou en développement.

Ainsi, les sans-abris ne meurent ni de faim ni même de froid dans les sociétés riches, mais généralement de maladies opportunistes liées à leurs conditions de vie, c'est-à-dire de pauvreté. Dans de nombreux pays développés, l'absence de droit d'accès à la santé et le manque d'infrastructures publiques font encourir à la fraction la plus vulnérable de la population un grave danger en cas d'événements catastrophiques. La très grande majorité des victimes de l'ouragan Katrina qui a frappé La Nouvelle-Orléans en septembre 2005 ne sont pas mortes au moment de la tempête du fait de la violence des éléments, mais après son passage, faute de secours rapides et en nombre suffisant.

De la même manière, les effets désastreux du changement climatique ne peuvent être réduits à de simples « catastrophes naturelles » potentielles. Il s'agit plutôt de catastrophes sociales en devenir dont le degré de gravité dépendra du degré d'avancement démocratique de la société qui aura à les affronter. On a pu mesurer en France et en Europe, lors de la canicule de 2003, toute l'importance des infrastructures sanitaires devant l'élévation brutale et durable des températures. Les individus au sein d'un même pays et les pays entre eux sont foncièrement inégaux en matière d'adaptation au changement climatique.

Les données rassemblées par le Centre de recherche et d'études d'épidémiologie des désastres de l'université de Louvain montrent ainsi que, si le nombre annuel de désastres naturels (inondations, sécheresses, éruptions volcaniques...) a augmenté de façon spectaculaire depuis les années 1970, passant d'environ 50 à environ 500, le nombre de victimes de ces désastres a baissé au fur et à mesure des progrès du développement et de la démocratie. De même, une étude de ces données sur la période 1984-2004 montre que, si les pays riches ont été frappés par un nombre de désastres naturels comparable à celui des pays les plus pauvres, les deux populations étant à peu près équivalentes, c'est plus de 900 000 victimes qu'il a fallu déplorer dans les pays pauvres, contre 75 000 dans les pays riches [1]. Enfin, les dix plus grandes « catastrophes naturelles » depuis 1900 se sont produites en Chine et en Inde et la moitié d'entre elles furent des sécheresses.

Le niveau de développement économique et humain est donc le paramètre clé de l'impact des désastres dits naturels. C'est pourquoi il faut absolument réduire les inégalités en la matière. Le GIEC (2007) [2] montre bien que les effets du changement climatique ne peuvent se penser de manière pertinente qu'en tenant compte des interactions entre « systèmes terrestres » (changement de température, niveau des précipitations, niveau des mers, événements extrêmes, écosystèmes, ressources en eau) et « systèmes humains » (gouvernance, niveau d'éducation, santé, équité, démographie, préférences socioculturelles, systèmes de production et de consommation, technologie, commerce). « Les capacités d'adaptation au changement climatique, notent les experts des Nations Unies, sont intimement liées au développement économique et social alors que celui-ci n'est pas réparti de manière équitable entre et au sein des sociétés. » Ainsi, selon le GIEC, l'Afrique, responsable de moins de 4 % des émissions de gaz à effet de serre dans le monde, comptera dès 2020 entre 70 millions et 400 millions de personnes exposées à des pénuries d'eau causées par le changement climatique.

Lutter contre ces inégalités socio-écologiques suppose deux actions coordonnées : une lutte résolue contre les inégalités écono-

1. David Stromberg, « Natural Disasters, Economic Development, and Humanitarian Aid », *Journal of Economic Perspectives*, vol. 21 (été 2007), p. 199-222.

2. Intergovernmental Panel on Climate Change, *Climate Change 2007 : Synthesis Report*, 2007.

miques et humaines existantes, et une meilleure compréhension des exigences du développement humain.

Pour une décroissance des inégalités

Le Rapport Brundtland (1987) remarquait de manière très profonde que « [...] notre incapacité à œuvrer en faveur du bien commun dans le cadre du développement durable est souvent le produit de notre indifférence relative pour la justice économique et sociale, dans un même pays et entre les nations ».

Certes, la formation des inégalités dans nos démocraties de marché est inévitable. Dans sa *Richard T. Ely Lecture*, l'économiste du travail Finis Welch [1] va plus loin :

> Toute la science économique procède des inégalités. Sans inégalités de priorités et de capacités, il n'y aurait ni commerce, ni spécialisation, ni gain tiré de la coopération. En fait, il n'y aurait pas de science économique et [tous les économistes] seraient occupés à vendre des polices d'assurance. À vrai dire, même pas, car il n'y aurait rien à assurer !

Les inégalités peuvent même être théoriquement souhaitables. Dans un monde anhistorique, où la diversité des conditions initiales des individus n'emporte aucun effet, où le passé ne détermine ni le présent ni l'avenir, les inégalités sont un puissant moteur du progrès économique et social. C'est le monde parfait de la théorie des marchés où les inégalités du présent n'empêchent en rien l'égalité des destins. Dans cette perspective, les inégalités et

1. Finis Welch, « In Defense of Inequality », *The American Economic Review*, vol. 89, n° 2, Papers and Proceedings of the One Hundred Eleventh Annual Meeting of the American Economic Association (mai, 1999), p. 1-17.

leur croissance sont les vecteurs d'une mobilité sociale ascendante, les marqueurs de nouvelles opportunités. Mais ce monde sans frottements n'existe pas ici-bas et les inégalités entravent bel et bien les chances des individus, surtout si l'on considère les inégalités d'accès aux ressources naturelles.

C'est John Stuart Mill qui a le mieux formulé, en 1848, l'impératif de décroissance des inégalités. Il fustige d'abord les classiques, qui, à l'image de Ricardo, n'entrevoient de progrès humain que matériel. « Quelle est la finalité du progrès économique ? » demande Mill. Il rejoint dans sa réponse les développements de Keynes évoqués plus haut : « Le meilleur état pour la nature humaine est celui dans lequel, si personne n'est pauvre, personne ne désire être plus riche, et n'a aucune raison de craindre d'être tiré vers le bas par les efforts de ceux qui tentent de s'élever. »

Mais Mill dépasse le Keynes des « perspectives économiques pour nos petits-enfants [1] » car, contrairement à lui, il place la réduction des inégalités au cœur de sa réflexion, dénonçant la simple augmentation de la production et de l'accumulation qui, « en elle-même n'est que de peu d'importance, aussi longtemps que l'accroissement de la population, ou quoi que ce soit d'autre, empêche la masse des gens de prétendre à aucune part de celle-ci ». Il ajoute :

> Si la terre devait perdre la majeure part de ses atours par le fait d'un accroissement illimité de la richesse et de la population dans le seul but de pouvoir supporter une population plus nombreuse mais ni mieux portante ni plus heureuse, j'espère sincèrement, au nom de la postérité, que les hommes se résoudront à l'état stationnaire bien avant que la nécessité ne les y contraigne.

Certes, Mill demeure prisonnier de la vision malthusienne et recommande notamment de réduire « prudemment » la taille de

1. Mais non le Keynes de la *Théorie générale de l'emploi, de l'intérêt et de la monnaie*, qui souligne que l'un « des deux vices marquants du système capitaliste est que la répartition des revenus et des richesses manque d'équité ».

la population. Mais son intuition fondamentale est la bonne : l'état régulier auquel il faudrait parvenir est celui où les inégalités sont acceptées parce que acceptables. La décroissance qu'il faut viser ici et maintenant est la décroissance des inégalités.

Comme le montre le Tableau 6, les inégalités de développement économique entre les régions du monde ont explosé avec le développement moderne : elles quadruplent au cours des neuf siècles qui s'écoulent de l'an 1000 à 1870 pour quadrupler encore au cours du seul siècle qui va de 1870 à 1998.

Tableau 6. PIB par habitant et écart entre régions du monde, 1000-1998

(en $ internationaux de 1990)

	1000	1870	1998
Europe de l'Ouest	400	1 974	17 921
Extensions de l'Europe de l'Ouest	400	2 431	26 146
Japon	425	737	20 413
Asie (sans Japon)	450	543	2 936
Amérique latine	400	698	5 795
Europe de l'Est et ex-URSS	400	917	4 354
Afrique	416	444	1 368
Monde	435	867	5 709
Facteur d'écart entre la région la plus riche et la plus pauvre	1,1	5	19
Écart type	19	183	9 954

Sources : Maddison et calculs des auteurs.

À y regarder de plus près, un paradoxe apparent des inégalités internationales de développement économique se fait jour depuis trois décennies [1] : les inégalités augmentent si le poids démographique des pays n'est pas pris en considération, mais elles diminuent si on tient

1. Voir sur ce point I. Bensidoun et A. G. Chevallier, « Inégalités dans le monde : poids et mesures », *Lettre du CEPII*, n° 242, février 2005.

compte de leur taille démographique. La Chine à elle seule modifie la donne mondiale : sans elle, les inégalités entre les pays augmentent, mais lorsqu'on l'inclut dans les calculs, elles se réduisent. Cela ne doit guère étonner, car du fait du développement chinois, plusieurs centaines de millions de personnes sont sorties de la pauvreté, réduisant du même coup les inégalités entre pays (voir annexe II).

Cependant Bourguignon et Morrison [1] ont montré que c'était la dynamique des « inégalités globales » qui comptait vraiment, c'est-à-dire le cumul des inégalités internationales pondérées par le poids démographique, et des inégalités internes à chaque pays. Selon ces auteurs, les inégalités internes auraient augmenté modérément entre 1820 et 1910, avant de se réduire fortement jusqu'en 1960 puis de reprendre une lente progression jusqu'en 1992. Les inégalités internationales auraient, elles aussi, progressé, mais plus fortement et continûment de 1820 à 1950, avant de se réduire légèrement puis de se stabiliser à un niveau élevé en 1992. Au total, l'indice des inégalités globales aurait augmenté de 0,533 en 1820 à 0,799 en 1910 sous l'effet de l'accroissement des inégalités internationales pour se réduire à 0,771 en 1960 avec la baisse des inégalités internes, et augmenter de nouveau jusqu'à 0,864 en 1992 du fait de l'augmentation des deux types d'inégalités.

Les données les plus récentes du FMI [2] indiquent que les inégalités internes sont relativement importantes et en augmentation depuis 1990. Ainsi, l'indice de Gini [3] interne global (pondéré démographiquement) s'établissait à 35,1 en 1990 et à 37,5 en 2000, soit approximativement le niveau d'inégalité de revenu de l'Inde

1. François Bourguignon et Christian Morrisson, « The Size Distribution of Income Among World Citizens, 1820-1990 », *American Economic Review*, septembre 2002, p. 727-744.

2. Voir FMI, World Economic Outlook, 2007.

3. L'indice de Gini permet de mesurer la concentration des revenus sur une échelle de 0 (égalité parfaite, tous les individus possèdent le même revenu) à 100 (inégalité parfaite, un seul individu possède l'intégralité du revenu). Il peut être calculé au plan intranational (ou interne) ou au plan international, pondéré ou non par le poids démographique de chaque pays.

aujourd'hui. Pour les pays les plus riches, ce même indice a progressé de 32,9 en 1990 à 34,6 en 2000 ; de 32,8 à 33,4, pour les pays les plus pauvres ; de 46,8 à 47,3, pour les pays moyennement riches ; et de 36 à 40,2, pour les pays moyennement pauvres.

En outre, Milanovic [1] montre que la révision des PIB mondiaux de décembre 2007 (qui a notamment consisté à réduire de près de 40 % le PIB de la Chine et de l'Inde, et de 17 % le PIB de l'Indonésie) conduit à noircir encore le tableau des inégalités globales. L'indice de Gini des inégalités internationales non pondérées démographiquement (calculé pour 146 pays représentant 6,1 milliards d'individus) s'établirait en 2005 à 57,6 ; celui des inégalités pondérées démographiquement, mais sans la Chine, atteindrait 59,2 ; et celui comprenant tous les pays pondérés de leur poids démographique serait de 57,8. Les inégalités globales s'établiraient quant à elles à un indice de 69,9 pour 2002.

Du côté des inégalités de développement humain, c'est l'inertie qui domine depuis trois décennies. Mesurée à l'aide de l'indice de développement humain des Nations Unies, la moyenne des 20 pays les plus riches était de 0,86 contre 0,33 pour les 20 pays les plus pauvres en 1975, l'écart en valeur absolue se situant donc à un niveau de 0,53. Cet écart se maintient inchangé de 1975 à 1990, avant d'augmenter à 0,55 en 1995 et 2000 et de redescendre à 0,54 en 2005. Les inégalités de développement humain entre les pays les plus riches et les pays les plus pauvres ressemblent par conséquent aux positions d'Achille et de la tortue dans le paradoxe de Zénon : la distance qui les sépare paraît immuable.

L'arrêt de la croissance économique, voire la décroissance permettraient-ils de réduire ces inégalités ? Assurément non, sauf à imaginer une redistribution autoritaire des richesses où un accès d'altruisme ferait que chacun y consentirait spontanément. Figer les inégalités internationales et les injustices dans chaque pays à leur

1. B. Milanovic, « An Even Higher Global Inequality Than Previously Thought », mimeo, World Bank, décembre 2007.

niveau actuel permettrait-il de réduire la consommation des ressources terrestres ? Les Tableaux 7 et 8, qui donnent la mesure de la responsabilité des pays riches dans les dégradations environnementales mondiales, permettent d'en douter. La solution au problème écologique n'est donc pas la fin de la croissance des niveaux de vie, mais la décroissance des inégalités : il faudra alors moins de croissance pour satisfaire les besoins de la population car une part moins importante en sera accaparée par les plus riches, et les plus pauvres, délivrés des contraintes du quotidien, pourront de nouveau penser à l'avenir. Mais il nous faut accompagner cet effort de justice sociale d'un effort d'imagination et repenser le développement humain.

Tableau 7. Empreinte écologique en 2003

	Population (en millions d'habitants)	Empreinte écologique totale (ha global/personne)	Biocapacité totale (ha global/personne)	Déficit ou réserve écologique (ha global/personne)
Monde	6 301,5	2,2	1,8	-0,5
Pays riches	955,6	6,4	3,3	-3,1
Pays intermédiaires	3 011,7	1,9	2,1	0,2
Pays pauvres	2 303,1	0,8	0,7	-0,1

Source : Global Footprint Network.

Tableau 8. Émissions de CO_2 en 2004

	Population (en millions d'habitants)	Émissions totales (millions de tonnes de CO_2)	Part des émissions totales (en %)
Monde	6 514,8	28 982,7	100
Pays riches	991,5	12 975,1	44,8
Pays intermédiaires	3 084,7	12 162,9	42,0
Pays pauvres	2 425,5	2 083,9	7,2

Source : Nations Unies.

Repenser le développement humain

« La croissance est-elle obsolète ? » C'est la question qui fut posée par William Nordhaus, spécialiste de l'économie de l'environnement, et le prix Nobel d'économie de 1981 James Tobin [1] il y a plus de trente ans. Ils y répondirent par la négative. Et pourtant, « La croissance, écrivirent-ils, est accusée de brouiller les priorités nationales, d'aggraver la distribution du revenu et d'altérer de manière irréparable l'environnement [...] » Mais plutôt que de rejeter en bloc l'idée de croissance et son principal instrument de mesure, Nordhaus et Tobin tentèrent de partir du PIB (produit intérieur brut) pour l'améliorer et proposer une « mesure du bien-être humain ». Car, selon eux, « l'état stationnaire classique ne doit pas devenir notre norme utopiste ».

Le Rapport sur le développement humain des Nations Unies de 1990 a lui aussi marqué, à partir des travaux de Sen, un renouveau dans la conception du développement : « Ce que nous appelons développement humain est le processus qui élargit l'éventail des possibilités offertes aux individus : vivre longtemps et en bonne santé, être instruit et disposer de ressources permettant un niveau de vie convenable sont des exigences fondamentales ; s'y ajoutent la liberté politique, la jouissance des droits de l'homme et le respect de soi [2]. » Sen résume cette approche en une superbe formule qui définit le développement « comme un processus d'expansion des libertés réelles dont jouissent les individus [3] ».

De ces réflexions sont nés trois indicateurs principaux de développement humain : l'indice de développement humain (l'IDH

1. W. Nordhaus et J. Tobin, « Is Growth Obsolete ? », in *The Measurement of Economic and Social Performance*, National Bureau of Economic Research, 1973.

2. « Rapport mondial sur le développement humain, 1990. Définir et mesurer le développement humain », Nations Unies.

3. Amartya Sen, *Un nouveau modèle économique*, *op. cit.*

qui repose sur trois dimensions : l'espérance de vie, l'éducation et le revenu par habitant) ; l'indice de développement humain lié au genre (qui ajoute à l'IDH les inégalités entre hommes et femmes) ; et l'indice de pauvreté humaine (qui mesure la pauvreté non pas sous forme monétaire, mais selon les dimensions de l'IDH). Cependant ces indicateurs ont été avant tout construits pour mesurer les progrès des pays en développement, et demeurent, en tout cas pour le principal d'entre eux (l'IDH), trop corrélés au PIB pour fournir une information vraiment nouvelle. Il s'agit donc à présent de poursuivre la réflexion en améliorant notre compréhension du progrès humain et en y incluant les pays développés.

Trois décennies après Nordhaus et Tobin et quinze ans après l'IDH, la marge d'amélioration de la réflexion et des instruments de mesure du développement humain demeure en effet importante. Et la tâche devient urgente et nécessaire : il existe une divergence croissante entre la mesure des phénomènes économiques et sociaux, et la perception qu'en ont les populations. Qui plus est, cette discordance est universelle. Il se peut que notre appareil statistique, qui nous a relativement bien servi dans un passé pas trop lointain, ne soit plus tout à fait adapté aux problèmes que nous affrontons aujourd'hui. Il est par exemple évident qu'en une période caractérisée par une forte croissance des inégalités, personne ne peut plus se reconnaître dans un indicateur qui reflète une moyenne.

Une première direction de recherche apparaît dès lors nécessaire : modifier le cadre comptable existant pour qu'il prenne mieux en compte les évolutions de l'économie et de la société ; inégalités, sécurité, services publics (santé, éducation, etc.) notamment. De plus, un certain nombre de phénomènes qui déterminent le bien-être des populations ne sont pas mesurés par notre appareil statistique, pour l'essentiel ceux relatifs à l'environnement (qualité de l'air, de l'eau, etc.). Une deuxième direction de recherche consiste alors à tenter d'en proposer des mesures acceptables. Enfin, nous ne disposons pas vraiment d'indicateurs de la qualité de la vie, même si de nombreux travaux s'y sont bravement essayés (bonheur,

« capabilités », loisir, libertés, participation à la vie de la cité, etc.). Il convient de les développer et de les affiner, tant la mesure du bien-être est importante pour la formulation de politiques efficaces. Ces trois directions ont été distinguées pour les besoins de l'exposé, mais il va sans dire qu'elles se recoupent en de nombreux aspects [1].

L'économie ouverte

Il nous faut à présent synthétiser notre propos à la lumière de la théorie moderne du développement et de celle de la justice sociale. La première a été reformulée avec une clarté particulière par Dani Rodrik [2]. Selon lui, trois causes « profondes » ou « fondamentales » expliquent le développement économique : l'environnement naturel (les avantages ou les handicaps liés à la position géographique d'un pays et à ses caractéristiques naturelles telles que le climat, le sol...), l'échange international (le commerce avec les autres nations du monde sur le marché des biens, des capitaux auquel s'ajoutent les flux migratoires) et enfin les institutions (entendues au sens large comme les arrangements sociopolitiques formels et informels qui influent sur les activités économiques). Les causes secondes ou « apparentes » qui dérivent de ces forces profondes sont l'accumulation quantitative des facteurs de production (capital physique et capital humain) et la croissance de la productivité (l'accumulation qualitative du progrès technique).

La dynamique du revenu par habitant est ainsi déterminée directement par les causes apparentes et indirectement par les causes fondamentales. Quelles sont alors les causes premières ou prépondérantes du développement économique ? Comment les hommes

1. Voir à ce sujet les travaux de la « Commission on the Measurement of Economic Performance and Social Progress » et notamment la première note d'étape remise au président de la République (juillet-août 2008), www.stiglitz-sen-fitoussi.fr

2. Dani Rodrik (dir.), *In Search of Prosperity : Analytic Narratives on Economic Growth*, Princeton N. J., Princeton University Press, 2003.

peuvent-ils maîtriser leur prospérité ? Rodrik apporte trois réponses à ces questions : d'une part, la géographie est une cause « exogène » du développement hors de portée du contrôle humain, tandis que les institutions et l'échange international sont « partiellement endogènes » ; d'autre part, la géographie influe sur les institutions et l'échange international et ces deux dernières causes se déterminent mutuellement ; enfin, les institutions sont la cause prépondérante du développement économique (voir infra Annexe I).

Commençons par le lien entre institutions et géographie. Nous l'avons vu, les relations qui existent entre institutions et environnement naturel attestent que, derrière les questions environnementales, se cachent les enjeux de justice sociale. Mais de nombreux travaux témoignent que l'environnement naturel peut également directement influer sur les institutions ; la recherche contemporaine paraît ici suivre Montesquieu quand il s'exclamait : « Heureux climat, qui fait naître la candeur des mœurs, et produit la douceur des lois ! »

La dotation initiale d'un territoire en avantages climatiques et en ressources naturelles peut ainsi fortement influer sur la qualité à long terme des institutions. Le climat aurait par exemple joué un rôle important dans les stratégies de colonisation européennes [1] : les colonies de peuplement se sont plutôt développées dans les territoires où les conditions climatiques étaient favorables (comme aux États-Unis, en Australie ou en Nouvelle-Zélande), et les colonies d'exploitation ont vu le jour là où le climat était plus hostile et les épidémies plus fréquentes (comme en Amérique du Sud, en Inde ou en Afrique subsaharienne). Le premier type de colonisation s'est accompagné du développement d'institutions favorables à la croissance : État de droit, respect de la propriété privé. Le second a cherché à contrôler la population autochtone et à renforcer le

1. C'est la thèse avancée par Acemoglu, Johnson et Robinson en 2001 dans « The Colonial Origins of Comparative Development : An Empirical Investigation », *American Economic Review*, volume 91, n° 5, p. 1369-1401.

pouvoir des élites locales alliées au colonisateur. Ce raisonnement n'est pas exempt de naïveté, comme souvent lorsque l'on a cherché à appliquer une logique strictement économique à un phénomène qui peut procéder de facteurs, tout aussi rationnels, mais relevant d'une autre dimension de la nature humaine. On pourrait en effet tout aussi bien soutenir que les colonies de peuplement se sont développées là où la population locale, en petit nombre, pouvait être décimée, et les colonies d'exploitation, là où la population était en nombre suffisant pour être exploitée.

Par ailleurs, est-il vrai, comme le pense Rodrik, que la géographie est une cause exogène du développement économique ? Qu'elle soit exogène ne fait pas de doute mais qu'elle cause le développement est loin d'avoir été établi. On ne peut affirmer aujourd'hui que les sciences sociales aient résolu le mystère de la croissance et du développement, car chaque expérience nationale est singulière : elle s'inscrit dans une tradition, une culture, un système anthropologique spécifique. Elle est comme un précipité qui résulte de la combinaison d'éléments chimiquement purs, dont le nombre, la qualité et la pondération sont déterminés par l'histoire du pays. L'alchimie qui aboutit au succès est donc complexe et nous n'en connaissons qu'un nombre très restreint d'éléments. Le pays qui, à l'issue de la Seconde Guerre mondiale, était promis au plus bel avenir, en raison de la fertilité de ses terres, de ses ressources naturelles, de son climat, de la grande qualité de son capital humain, était l'Argentine. On sait ce qu'il advint. Il faut donc, en l'espèce, faire preuve de la plus grande modestie, même si l'exemple argentin ouvre une piste, celle du système politique et des institutions. En outre, nous l'avons vu, le développement économique n'est pas le tout du développement, de sorte qu'il apparaît utile de s'essayer à distinguer entre développement économique et développement humain, et entre leurs causes profondes et apparentes respectives.

Graphique 1. L'ÉCONOMIE OUVERTE

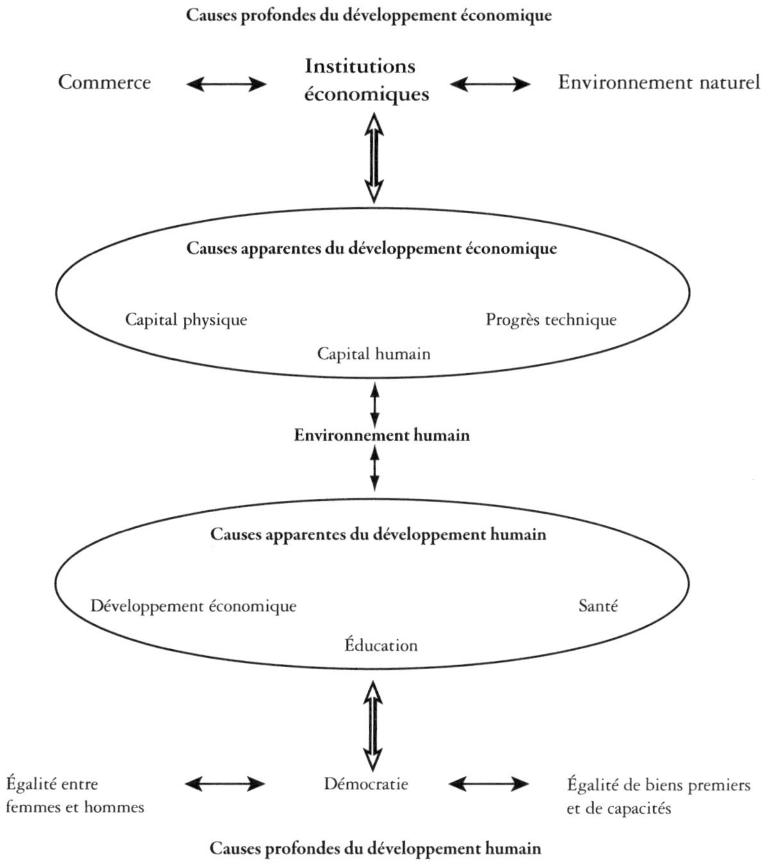

Le schéma de synthèse (Graphique 1), très rudimentaire, que nous proposons part de l'analyse de Rodrik (en atténuant l'effet géographique) pour la prolonger en mettant, en regard des causes apparentes et profondes du développement économique, les causes apparentes et profondes du développement humain. Il nous faut tenter de préciser les enchaînements logiques de cette représentation en commençant par revenir brièvement sur la théorie moderne de la justice sociale.

Nous distinguons nettement sur ce graphique ce qui relève des institutions économiques de ce qui relève de la démocratie. Les deux sont bien entendu liées et définissent les institutions au sens très général de la définition du prix Nobel et cliomètre Douglas North[1] : « les contraintes humainement créées qui structurent les interactions humaines ». Ces institutions au sens large se composent des contraintes formelles (les règles, les lois, les constitutions), mais aussi des contraintes informelles (les règles de conduite, les conventions, les codes de conduite) et incluent enfin les moyens de faire respecter ces contraintes (la force et le droit). Les institutions définissent en somme la structure d'incitations des sociétés et en particulier des systèmes économiques. Si nous distinguons analytiquement les institutions économiques (celles qui sont destinées à assurer les libertés économiques et les droits de propriété) et la démocratie, ce n'est pas parce que nous pensons qu'elles pourraient se développer indépendamment les unes de l'autre[2], mais parce que l'exigence de la démocratie comporte une dimension supplémentaire, celle de la justice sociale, dont on a tenté d'expliquer dans les pages qui ont précédé toute l'importance en matière d'écologie politique. Pour mieux comprendre encore cette distinction, il est nécessaire de faire un détour par la critique de l'utilitarisme opérée par John Rawls et Amartya Sen.

John Rawls écrit dans la préface de l'édition révisée de la *Théorie de la justice* : « Je ne pense pas que l'utilitarisme puisse fournir une analyse satisfaisante des droits et des libertés de base des

1. Douglas C. North, *Institutions, Institutional Change, and Economic Performance*, New York, Cambridge University Press, 1990.

2. Au contraire, il est difficile d'imaginer que les libertés économiques puissent perdurer longtemps sous un régime autoritaire immuable qui, par définition, comporte une part d'arbitraire. Voir J.-P. Fitoussi, *La Démocratie et le Marché*, Grasset, 2004.

citoyens en tant que personnes libres et égales, ce qui est pourtant une exigence absolument prioritaire d'une analyse des institutions démocratiques. » Les « biens premiers », pièces maîtresses du dispositif redistributif imaginé par Rawls, interviennent au moment de la définition par l'auteur de la « position originelle » : ce sont les biens distribués aux individus derrière le « voile d'ignorance ». Dans l'édition originale de la *Théorie de la justice* (1971), de l'aveu même de Rawls, leur présentation souffrait d'une ambiguïté : simplement définis comme les choses « que tout homme rationnel est supposé désirer » car à lui « utiles, quel que soit [son] projet de vie rationnel », on ignorait si l'être rationnel supposé les désirer agissait là comme simple être humain ou comme citoyen. Rawls lèvera ultérieurement ce doute en caractérisant les « biens premiers » comme « les choses dont les citoyens considérés comme des personnes libres et égales vivant une existence complète ont besoin [1] ».

Dans cette acception résolument politique, les « biens premiers » incluent « les droits et libertés de base » comme « la liberté de pensée » et « la liberté de conscience » ; « la liberté de mouvement et le libre choix d'une occupation » ; « les pouvoirs et les prérogatives attachés aux fonctions et aux positions d'autorité et de responsabilité » ; le « revenu et la richesse » et enfin « les bases sociales du respect de soi-même [2] ». Cette première série d'éléments est regroupée sous la catégorie de « biens sociaux premiers ». D'autres « biens premiers », qualifiés de « naturels », s'y ajoutent : ce sont notamment « la santé » ou « l'intelligence ». Ils sont « naturels » pour Rawls dans la mesure où, même si leur possession est « influencée » par la structure politique de la société, ils ne sont pas directement sous son « contrôle ».

Ce sont ces « biens premiers » qui intéressent Rawls, car c'est du caractère juste de leur distribution, choisie et non aléatoire, que dépend le caractère juste d'une communauté politique donnée.

1. *La Justice comme équité. Une reformulation de « Théorie de la justice »*, Paris, La Découverte, 2003.

2. *Ibid.*

Le concept de « capacité » (*capability*) introduit par Sen en 1979 est indissociable de celui de « fonctionnement » (*functioning*). Ce dernier recouvre « les différentes choses qu'une personne peut aspirer à faire ou à être » (par exemple se « nourrir convenablement » mais aussi « jouir d'une bonne estime de soi »), la « capacité » d'une personne définissant « les différentes combinaisons de fonctionnements qu'il lui est possible de mettre en œuvre » [1]. Il s'agit donc d'une forme de « liberté non formelle », substantielle : celle de « mener des modes de vie divers » [2]. Sen illustre son propos à l'aide de l'exemple d'une personne aisée qui choisirait comme « fonctionnement » de se priver de manger. Elle paraît s'apparenter par ce choix à un individu réduit à la famine par la nécessité. Cependant, elle décide de jeûner à partir d'un « ensemble de capacités » qui inclut la possibilité de se nourrir convenablement, qui est en revanche absente de celui de l'individu contraint à la faim faute de moyens suffisants.

Les capacités dépendent ainsi aussi bien des caractéristiques physiques et psychologiques des individus que du contexte social dans lequel ceux-ci se situent.

L'approche de la justice sociale par les « biens premiers » ou par les « capacités » dépasse ainsi doublement l'utilitarisme : la « base informationnelle » éthique, c'est-à-dire l'ensemble des éléments nécessaires sur lesquels prendre appui pour évaluer la situation d'un individu au regard d'un critère de justice, est considérablement élargie ; elle peut en outre servir de référence pour évaluer les avantages d'un individu par rapport à un autre et, partant, le caractère équitable des politiques publiques.

La démocratie peut être aujourd'hui, après Rawls et Sen, définie comme le régime qui vise à répartir le plus justement possible les biens premiers et à corriger autant que faire se peut les inégalités de capacité. Cette justice sociale, parce qu'elle améliore les composantes du développement humain, a des vertus écologiques

1. *Un nouveau modèle économique. Développement, justice, liberté, op. cit.*
2. *Ibid.*

pour les raisons que nous avons déjà énoncées. Elle implique évidemment qu'une attention toute particulière soit portée à l'égalité entre les sexes, dont on sait par ailleurs qu'elle est un puissant facteur de développement.

Certes, les liens empiriques entre démocratie, développement humain et écologie, exposés dans les annexes I (Démocratie, développement et écologie : un examen critique) et II (l'Inde et la Chine) sont loin d'aller de soi. On peut cependant, pour finir, les évoquer brièvement à la lumière de la littérature académique récente, en insistant sur le rapport entre démocratie, éducation et recherche.

L'éducation et la recherche jouent en effet un rôle essentiel dans la formation du capital humain et du progrès technique d'une nation, elle-même déterminante dans son développement économique [1]. Mais l'éducation et la recherche influent aussi sur un paramètre dont, nous l'avons dit, l'impact écologique est considérable : l'avancement des connaissances.

Quels sont les liens entre démocratie, d'une part, et éducation et recherche, de l'autre ? Comme le rappelle Benjamin Friedman (voir infra Annexe I), les régimes totalitaires ont développé des programmes d'éducation supérieure qui expliquent par exemple que les anciennes Républiques soviétiques aient aujourd'hui des niveaux d'éducation sans commune mesure avec leur niveau de développement économique. Mais l'éducation est ici biaisée par le politique : l'éducation primaire et secondaire s'apparente davantage à une acculturation idéologique, et l'éducation supérieure et la recherche, réservées à une petite élite, sont avant tout orientées vers l'effort militaire.

L'économiste d'Harvard Edward Glaeser et ses coauteurs [2]

1. Voir par exemple Robert Barro, « Education as a Determinant of Economic Growth », *in* E. P. Lazear (éd.), *Education in the Twenty-First Century*, Stanford, Hoover Institution Press, 2002.

2. Edward Glaeser, Rafael LaPorta, Florencio Lopes-de-Silanes et Andrei Shleifer, « Do Institutions Cause Growth ? », *Journal of Economic Growth*, 9 (3), 2004, p. 271-303.

suggèrent pourtant que les pays pauvres s'extraient souvent du sous-développement au moyen de « bonnes politiques » de formation de capital humain mises en œuvre par des dictatures. Les institutions démocratiques ne seraient donc que la résultante du processus de développement économique et non sa cause (comme le montrerait notamment l'exemple de la Corée du Sud). L'historien de l'économie Peter Lindert [1] soutient au contraire que c'est le développement progressif des institutions démocratiques qui permet à la majorité des citoyens d'acquérir voix au chapitre (« *voice* ») et qui explique le développement de l'État providence dont les politiques d'éducation font partie.

Une étude empirique de Tavares et Wacziarg montre que même en contrôlant l'influence du revenu et de l'effet en retour de l'éducation sur la démocratie (le niveau d'éducation augmentant la « demande de démocratie »), la démocratie a un impact positif sur la croissance économique en favorisant l'accumulation de capital humain par l'expansion des systèmes d'éducation, et en réduisant les inégalités de revenu [2]. Ces débats sont à replacer dans le contexte problématique plus large développé à l'Annexe I.

1. Peter H. Lindert, *Growing Public : Social Spending and Economic Growth since the Eighteenth Century.* vol. I et II, Cambridge U.K., Cambridge University Press, 2004.

2. Même si l'effet net de la démocratie sur la croissance, qui inclut un effet négatif de la démocratie sur l'accumulation de capital physique et positif sur le niveau de dépenses publiques, est, au total, modérément négatif dans leur étude (José Tavares et Romain Wacziarg, « How Democracy Affects Growth », *European Economic Review*, 45, 2001, p. 1341-1378.) Sur ce point, voir infra Annexe I.

CONCLUSION

Des fourmis et des hommes

À la question de savoir ce que les hommes peuvent apprendre des fourmis, le naturaliste d'Harvard Edward Wilson apporte deux réponses [1]. La première est qu'en étudiant les fourmis, les hommes peuvent mieux comprendre les formes de langage chimique entre individus au sein d'une espèce, et leur efficacité. La seconde est que les hommes n'ont rien à apprendre des fourmis – « absolument rien, rien de rien » – s'agissant de la conduite de leurs sociétés, sauf à vouloir se transformer en machines vivantes. Wilson plaisante à ce propos : « Karl Marx avait raison, il s'est simplement trompé d'espèce. »

Ce trait d'esprit d'un des meilleurs biologistes au monde est plus profond qu'il n'y paraît. La tentation du retour à un état de nature humain (qui n'a jamais existé que dans les histoires conjecturales des philosophes du contrat social) grandit à mesure que les hommes prennent conscience des dommages, parfois irréparables, qu'ils infligent à leur environnement pour satisfaire leurs besoins. Selon l'urbaniste Jane Jacobs [2], l'économie elle-même aurait tout à apprendre des modes de production, d'organisation et de coopé-

1. « The Wisdom of E. O. Wilson », Cambridge-Londres, Harvard University Multimedia.

2. Voir *The Nature of Economies*, New York, Vintage Books, 2001.

ration présents dans la Nature. Il faudrait, pour sauver ce qui peut l'être après presque deux siècles de folle croissance moderne, mettre au jour la « nature de l'économie » et, plud largement revenir à la sagesse sauvage des premières sociétés humaines.

Nous avons tenté dans cet ouvrage d'expliquer pourquoi, selon nous, c'est dans la direction exactement opposée qu'il faut progresser. C'est au contraire en assumant leur modernité, en étant pleinement eux-mêmes – des êtres vivants intelligents et socialisés mus par une soif inépuisable de liberté et de justice – que les hommes pourront le mieux protéger leur environnement et vivre en harmonie avec lui. C'est en élevant le niveau de leur exigence démocratique qu'ils seront le mieux à même de maîtriser le système dynamique qu'est l'économie politique.

Mais il faut pourtant comprendre ce nouveau « malaise dans la civilisation » qui pousse certains à vouloir remonter le temps du progrès humain. Freud l'explique en des termes étonnamment modernes :

> Au cours des dernières générations, l'humanité a fait accomplir des progrès extraordinaires aux sciences physiques et naturelles et à leurs applications techniques ; elle a assuré sa domination sur la nature d'une manière jusqu'ici inconcevable. Les caractères de ces progrès sont si connus que l'énumération en est superflue. Or, les hommes sont fiers de ces conquêtes, et à bon droit. Ils croient toutefois constater que cette récente maîtrise de l'espace et du temps, cet asservissement des forces de la nature, cette réalisation d'aspirations millénaires, n'ont aucunement élevé la somme de jouissance qu'ils attendent de la vie. Ils n'ont pas le sentiment d'être pour cela devenus plus heureux. On devrait se contenter de conclure que la domination de la nature n'est pas la seule condition du bonheur, pas plus qu'elle n'est le but unique de l'œuvre civilisatrice, et non que les progrès de la technique soient dénués de valeur pour « l'économie » de notre bonheur[1].

1. S. Freud, *Malaise dans la civilisation* (1929), « Les classiques des sciences sociales », UQAC, http://bibliotheque.uqac.uquebec.ca/index.htm

À n'en pas douter, la solitude des hommes dans leur responsabilité écologique a quelque chose d'angoissant, si l'on admet que ni les cieux ni la vie ne peuvent dicter leur destin, alors que ce destin influence celui de nombreux êtres vivants et jusqu'aux éléments terrestres. C'est la civilisation qui peut calmer cette angoisse, elle qui, selon Freud, désigne « la totalité des œuvres et organisations dont l'institution nous éloigne de l'état animal de nos ancêtres et qui servent à deux fins : la protection de l'homme contre la Nature et la réglementation des relations des hommes entre eux ». Un développement humain plus démocratique sera plus hospitalier pour les hommes et les fourmis.

Annexes

Annexe I

Démocratie, développement et écologie : un examen critique

Quelles sont les relations empiriquement valides entre démocratie et développement ? La démocratie suppose des droits et des libertés réels, qui peuvent se mesurer ou à tout le moins s'évaluer. Le développement peut, lui aussi, être jaugé à l'aide d'indicateurs quantitatifs de performance, en distinguant développement économique et développement humain. Nous allons tenter ici de rendre compte de façon cursive des recherches *économiques* sur le sujet, pour souligner dans un second temps qu'elles relèvent, pour la plupart, de logiques partielles à connotations idéologiques non assumées.

L'état de la recherche « empirique »

Selon les données établies par le think tank Freedom House et largement utilisées dans les travaux académiques (voir Tableau 1), le nombre de « pays libres » a plus que doublé depuis 1974, passant de 26 % à 46 % de l'ensemble des États du monde. Par ailleurs, le nombre de « démocraties électorales », qui représentent désormais une solide majorité des pays de la planète (62 %)[1], a presque doublé depuis 1989[2]. Dans le même temps, l'indicateur de développement humain s'est lui aussi substantiellement amélioré (de l'ordre de 20 %). Peut-on relier cette avancée démocratique à ce progrès du développement humain ?

Tableau 1. Libertés et développement humain, 1974-2005

	Pays libres	Pays partiellement libres	Démocraties électorales	Pays non libres	Indice de développement humain médian
1974	41	48	—	63	0,619*
1980	51	51	—	60	0,6725
1989	61	44	69	62	0,711**
1995	76	62	117	53	0,7235
2000	86	58	120	48	0,746
2005	89	58	123	45	0,772

Sources : Freedom House et Nations Unies.

* 1975, ** 1990.

C'est un fait : les institutions au sens large et même la « bonne gouvernance » se voient désormais reconnaître un rôle majeur dans le développement. Mais, comme le remarque l'économiste du déve-

1. Voir le site Internet de Freedom House pour les données détaillées depuis 1974, les définitions et la méthodologie correspondantes.

2. Le chercheur américain de Stanford Larry Diamond, spécialisé dans les questions de gouvernance, redoute néanmoins que ce progrès ne s'interrompe et évoque même le risque d'une « récession démocratique » du fait de la fragilité économique et politique d'un certain nombre de pays en développement comme l'Afrique du Sud, le Chili ou le Ghana (voir Larry Diamond, « The Democratic Rollback. The Resurgence of the Predatory State », *Foreign Affairs*, mars/avril 2008). Dans le même registre d'inquiétude, Freedom House note que la liberté de la presse n'a guère progressé dans le monde depuis 1995 et que, dans leur ensemble, les libertés mondiales ont reculé pour la première fois depuis 1994 deux années de suite en 2006 et 2007.

loppement du MIT Daron Acemoglu[1] dans une typologie proche de celle que nous avons utilisée pour expliquer le Graphique 1 du chapitre III, la gouvernance englobe trois types d'institutions différentes : les institutions politiques (les procédures de décision politique et les systèmes de contrôle démocratiques), la « capacité étatique » (la capacité de l'État à fournir des biens publics à la population) et la régulation des institutions économiques (le rôle joué par l'État pour encourager ou au contraire décourager les activités économiques). Comment ces institutions s'articulent-elles et quel type d'institutions est le plus propice au développement ?

Un rapport récent de la Banque mondiale[2] évaluant les facteurs déterminants du succès des 13 économies (dont la Chine, le Botswana ou encore le Japon) ayant crû en moyenne de 7 % pendant au moins 25 années consécutives depuis 1950 (la taille de l'économie étant alors multipliée par 4,5) a fait naître un certain trouble dans ce débat. La conclusion du Rapport se veut certes une réponse au « consensus de Washington » en ce qu'elle reconnaît qu'il n'y a pas de « formule générique » du développement. Mais un point précis dans l'argumentation des experts de la Banque mondiale semble remettre en cause la nécessité pour le développement d'un gouvernement démocratique : « Aucun pays n'a pu maintenir une croissance rapide sans avoir un taux d'investissement public important : dans les infrastructures, dans l'éducation, dans la santé. » D'où la nécessité, insistent les auteurs, d'avoir un gouvernement « capable, crédible et déterminé », qui suppose « un leadership politique fort » pour assurer un développement soutenu. Dans certains des cas pratiques étudiés, ce pouvoir politique a été assumé par un parti unique dont l'horizon était de ce fait prévisible. Dans d'autres cas, le pluralisme politique a permis, par le compromis, de maintenir

1. Douglass North, Daron Acemoglu, Francis Fukuyama, Dani Rodrik, *Governance, Growth, and Development Decision-making,* The International Bank for Reconstruction and Development / The World Bank, 2008.

2. *The Growth Report Strategies for Sustained Growth and Inclusive Development*, Commission on Growth and Development, Banque mondiale, 2008.

des politiques favorables au développement sur le moyen terme [1]. Enfin, le Rapport note que des « équipes de technocrates », dont la préoccupation était la croissance de long terme, ont également pu permettre la « continuité des politiques » nécessaires au développement. La question centrale posée par ces travaux récents est donc cruciale pour notre propos : l'absence de démocratie conjuguée à une stabilité politique forte, acquise au détriment des libertés, n'est-elle pas la meilleure garantie d'un développement soutenu ? Cette interrogation, qui se veut froidement lucide à l'heure où les BRIC (Brésil, Russie, Inde et Chine) et de nombreux pays émergents se développent économiquement beaucoup plus vite que politiquement (voir annexe II), est-elle vraiment fondée ?

Benjamin Friedman, spécialiste d'économie politique à Harvard, présente une discussion très éclairante des travaux contemporains [2] qui traitent du lien entre développement et démocratie, en s'appuyant sur quelques éléments empiriques simples et solides. Il montre d'abord que le niveau de revenu et les droits et libertés sont fortement corrélés, même si cette relation admet des exceptions telles que les pays du Golfe ou certains pays asiatiques dont le niveau de démocratie est très en deçà du niveau de vie (à l'inverse, les citoyens du Mali et du Bénin ont davantage de libertés que de richesses). De même, l'auteur montre que la croissance du revenu par habitant au cours des 25 années précédentes est reliée positivement au niveau des libertés atteint à un moment donné de l'histoire récente.

Friedman calcule que le doublement du niveau de vie améliore le classement mondial d'un pays, en termes de libertés, d'en-

1. On peut à ce sujet s'émerveiller sur les performances de pays peu ou pas démocratiques qui ont connu sur le long terme (plus de deux décennies) des taux de croissance élevés à partir d'un niveau très bas de PIB, mais il importe de ne pas oublier les trente glorieuses ?

2. Benjamin M. Friedman, *The Moral Consequences of Economic Growth*, New York, Vintage Books USA, 2006. L'auteur donne en notes les références bibliographiques des études citées, dont on ne reprendra pas ici le détail, mais auxquelles le lecteur pourra très utilement se reporter.

viron 1/6e de la distance séparant le pays le plus démocratique du pays le moins démocratique. Mais, autant la corrélation est incontestable, autant le sens de la causalité est douteux. Il peut en effet très bien se former un « cercle vicieux » où la pauvreté entrave la liberté et vice versa, ou au contraire un « cercle vertueux » où la démocratie nourrit la richesse économique qui la favorise en retour, sans que l'on puisse avec précision démêler les rapports de causalité entre les facteurs en présence. Friedman note en outre que la hausse des revenus favorise la stabilité politique, même dans la médiocrité démocratique, tandis que la baisse des revenus précipite souvent des changements politiques radicaux, parfois pour le pire en termes économiques. Pour le reste, comme le note l'auteur, « dans de nombreux cas, il est très difficile de déterminer si la démocratie [...] rend les gouvernements plus enclins à développer les politiques qui renforcent la croissance économique ou à éviter celles qui la freinent ». Cette conclusion nuancée sur le rôle économique de la démocratie est aussi celle de Daniel Kaufmann, spécialiste de la « gouvernance [1] » à la Banque mondiale (cf. *infra*).

Mais s'il faut être prudent sur la causalité démocratie-croissance, il paraît à l'inverse difficile de concevoir la démocratie simplement comme un « bien de luxe » que seuls pourraient s'offrir des pays à haut revenu. Daniel Kaufmann et Aart Kraay [2] montrent au contraire qu'à mesure que les pays s'enrichissent, la demande pour de meilleures institutions ne s'élève pas nécessairement : c'est le phénomène de « croissance sans gouvernance » qui caractérise de nombreux pays riches, sans pour autant être démocratiques.

Selon le chercheur d'Harvard Dani Rodrik [3], qui dirige le

1. « Gouvernance » que Kaufmann définit comme « les traditions et les institutions au moyen desquelles l'autorité s'exerce dans un pays ».

2. Daniel Kaufmann et Aart Kraay, « Growth without Governance », in *Economía*, hiver 2002.

3. Dani Rodrik, « Institutions for High-Quality Growth : What They Are and How to Acquire Them », *Studies in Comparative International Development*, vol. 35, n° 3, Fall 2000.

programme de développement de la Kennedy School of Government, s'il n'y a en effet pas de lien universel et immuable entre démocratie et développement économique, quatre relations entre ces deux dimensions peuvent cependant être postulées théoriquement et démontrées empiriquement : 1) la démocratie engendre des taux de croissance de long terme prévisibles ; 2) la démocratie permet de mieux affronter les chocs économiques externes ; 3) la démocratie assure une plus grande stabilité économique à court terme ; 4) la démocratie « offre » des salaires plus élevés. Qui plus est, il existe une relation entre démocratie et construction idiosyncratique des « bonnes institutions » susceptibles de développer la croissance économique dans un pays donné, sachant qu'il n'y a pas en la matière de pierre philosophale. La démocratie doit donc être comprise, selon Rodrik, comme une « méta-institution qui permet de bâtir de bonnes institutions ».

Trois questions simples mais fondamentales se posent à la lumière de ces problématiques : la première concerne le lien de causalité entre démocratie et développement économique (entendu au sens restrictif comme la hausse du revenu par habitant). Selon Friedman, le développement des libertés est lié au développement économique sans que l'on puisse distinguer la cause de la conséquence, alors que d'autres chercheurs, comme Kaufmann, se montrent plus confiants sur l'effet positif à long terme de la démocratie sur le niveau de vie. La deuxième question touche au rapport entre démocratie et développement humain (tel que mesuré par l'indice composite des Nations Unies). Observe-t-on un lien entre niveau de démocratie et niveau de développement humain, aussi bien en termes d'éducation que de santé (ce que suppose notre schéma d'analyse présenté dans le Graphique 1 du chapitre III) ? Ici aussi, le sens de la causalité doit être exploré. Une troisième question a trait au rapport entre inégalités de revenu, croissance et développement. Dans la perspective que nous avons adoptée, la démocratie renforce le développement humain parce qu'elle conduit à réduire les inégalités. Est-ce vrai empiriquement ? À ces questions, travaillées aujourd'hui en profondeur par les économistes du développement, s'ajoute celle du lien empirique entre « bonne gouvernance » et performance écologique.

Le paramètre clé des bases de données contemporaines permettant de mesurer l'état des libertés dans un pays est la variable « rule of law », que l'on peut traduire par « État de droit ». Mais on peut en concevoir au moins deux versions : la première correspond à une exigence minimale de respect des lois et du droit, qui s'apparente davantage à la stabilité sociale ou à la sécurité juridique qu'à la justice ou à la démocratie au sens fort du terme. C'est avant tout la qualité des libertés économiques qui est alors mesurée. La seconde acception de cette variable insiste sur l'importance des droits politiques et des libertés civiles, autrement dit sur la participation active des citoyens à l'élaboration des politiques publiques et sur les moyens effectifs de rendre responsables les gouvernants devant leurs électeurs.

La base de données de référence sur la qualité de la « gouvernance », constituée sous l'égide de la Banque mondiale par Kaufmann, Kraay et Mastruzzi [1], permet justement de distinguer ces deux acceptions (faible et forte) de la démocratie. La variable « rule of law » mesure dans cette base de données la confiance et la considération des résidents d'un pays pour les règles sociales nationales, en particulier le respect des contrats, des droits de propriété, la confiance dans la police et dans la justice, et la probabilité de crimes et de violence. La variable « voice and accountability » (que l'on peut traduire par « participation des gouvernés et responsabilité des gouvernants ») évalue le degré de participation des citoyens dans le choix de leurs gouvernants, la qualité de la liberté d'expression, d'association et de la liberté de la presse. On voit bien ce qui sépare analytiquement ces deux conceptions des libertés et des droits : dans un cas, les

1. D. Kaufmann, A. Kraay et M. Mastruzzi, *Governance Matters VII : Governance Indicators for 1996-2007*, base de données couvrant 212 pays et territoires et mise à jour en juin 2008 pour la période 1996-2007.

Tableau 2. Démocratie et développement pour les 20 pays les plus peuplés du monde

PAYS	«Rule of law» (-2,5 à +2,5) 2006	«Voice and accountability» (-2,5 à +2,5) 2006	PIB par habitant PPP en $ (2006)	Indice de développement humain (2005)	Indice d'éducation (2005)	Indice d'espérance de vie (2005)	Indice de pauvreté humaine (HPI-1) ou (HPI-2) (2005)
Bangladesh	-0,86	-0,52	2 135	0,547	0,503	0,635	40,5
Brésil	-0,48	0,37	8 917	0,8	0,883	0,779	9,7
Chine	-0,4	-1,66	8 004	0,777	0,837	0,792	11,7
Égypte	0	-1,08	4 534	0,708	0,732	0,761	20,0
Éthiopie	-0,64	-1,08	857	0,406	0,38	0,446	54,9
France	1,31	1,4	30 150	0,952	0,982	0,919	11,2
Allemagne	1,77	1,48	31 571	0,935	0,953	0,902	10,3
Inde	0,17	0,35	3 550	0,619	0,62	0,645	31,3
Indonésie	-0,82	-0,25	4 752	0,728	0,83	0,745	18,2
Iran	-0,81	-1,33	8 441	0,759	0,792	0,754	12,9
Japon	1,4	0,91	31 865	0,953	0,946	0,954	11,7
Mexique	-0,49	0,06	10 603	0,829	0,863	0,843	6,8
Nigeria	-1,27	-0,78	1 241	0,47	0,648	0,359	37,3
Pakistan	-0,82	-1,17	2 829	0,551	0,466	0,659	36,2
Philippines	-0,48	-0,18	5 159	0,771	0,888	0,767	15,3
Russie	-0,91	-0,87	11 904	0,802	0,956	0,667	
Thaïlande	0,03	-0,5	8 876	0,781	0,855	0,743	10,0
Turquie	0,08	-0,19	8 384	0,775	0,812	0,773	9,2
États-Unis	1,57	1,08	43 236	0,951	0,971	0,881	15,4
Vietnam	-0,43	-1,45	3 255	0,733	0,815	0,812	15,2

Sources : FMI et Banque mondiale.

libertés permettent d'assurer la sécurité des agents économiques, dans l'autre, elles constituent le socle de l'égalité entre les citoyens.

Considérons les vingt pays les plus peuplés de la planète (voir Tableau 2). L'intérêt de cet échantillon est double : il est significatif, puisqu'il comprend environ 70 % de la population mondiale ; il est assez représentatif des diverses situations de développement, puisqu'il comporte dans des proportions voisines des pays développés, des pays émergents, des pays en voie de développement rapide, des pays en voie de développement lent et des pays très pauvres.

Pour chaque pays sont reportés les deux indicateurs de libertés que l'on vient d'évoquer (au sens fort, c'est-à-dire véritablement politique, et au sens faible, c'est-à-dire surtout économique), un indicateur courant de développement économique (le revenu par habitant), l'indicateur synthétique de développement humain des Nations Unies, ses deux autres composantes à part le niveau de vie par tête (le niveau d'éducation et l'espérance de vie) et enfin un indicateur de pauvreté rendant compte des inégalités de revenu selon le niveau de développement. Il ne s'agit pas ici de conduire une étude économétrique poussée sur cet échantillon, mais néanmoins de se faire une idée des relations entre les différentes variables et de comparer ces résultats sommaires aux travaux évoqués plus haut. Le Tableau 3 indique à cet effet le signe de la relation (positif ou négatif) et la valeur des coefficients de corrélation linéaire (compris entre 0 et 1) entre chacun des indicateurs : plus la valeur du coefficient de corrélation s'approche de 1, plus la corrélation est forte ; inversement, plus elle s'en éloigne, plus la corrélation est faible.

On constate d'abord que les deux dimensions des libertés, au sens faible (libertés économiques) et au sens fort (démocratie), sont fortement corrélées entre elles mais ne se recoupent que partiellement, certains pays, comme la Chine ou le Vietnam, connaissant une relative stabilité juridique mais un état préoccupant des droits et libertés politiques. Ensuite, il semble que les deux indicateurs de libertés soient fortement et positivement corrélés au développement économique et humain (à nouveau, sans que le sens causal de ces corrélations ne soit ici précisé). De même, la pauvreté humaine est négativement reliée aux deux indicateurs de libertés. Enfin, il apparaît que l'acception faible des libertés est plus fortement liée à la fois au revenu et au développement humain que son acception forte. Deux idées importantes semblent trouver ici confirmation : les libertés économiques, la « bonne gouvernance » économique, sont centrales dans le développement économique et humain ; la démocratie joue également un rôle important dans ces processus, mais celui-ci apparaît moins déterminant.

Tableau 3. DÉMOCRATIE ET DÉVELOPPEMENT : MATRICE DES CORRÉLATIONS LINÉAIRES

	« Voice and accountability »	« Rule of law »	PIB par habitant	IDH	Éducation	Espérance de vie	Pauvreté
« Voice and accountability »	1	0,64	0,61	0,39	0,26	0,28	0,12
« Rule of law »	0,64	1	0,79	0,52	0,28	0,49	0,19
PIB par habitant	0,61	0,79	1	0,64	0,44	0,47	0,21
IDH	0,39	0,52	0,64	1	0,87	0,85	0,78
Éducation	0,26	0,28	0,44	0,87	1	0,58	0,84
Espérance de vie	0,28	0,49	0,47	0,85	0,58	1	0,69
Pauvreté	0,12 (-)	0,19 (-)	0,21 (-)	0,78 (-)	0,84 (-)	0,69 (-)	1

Trouve-t-on en outre trace d'un lien empirique entre « bonne gouvernance » et qualité de la performance écologique ? On peut tenter de le déterminer en utilisant les résultats du Environmental Sustainability Index (ESI) [1], établis conjointement par le Yale Center

1. Cet indice composite intègre 21 indicateurs rassemblant 76 données (ressources environnementales, niveaux de pollution, politiques environnementales, etc.) qui permettent d'évaluer et de comparer la capacité de 149 pays à protéger leur environnement pendant les décennies à venir.

for Environmental Law & Policy de Yale University et le Center for International Earth Science Information Network (CIESIN) de Columbia University pour l'année 2005. Le Tableau 4 indique, pour l'échantillon de vingt pays considéré plus haut, le signe de la relation et la valeur des coefficients de corrélation linéaire.

Tableau 4. DÉMOCRATIE, DÉVELOPPEMENT ET ÉCOLOGIE : CORRÉLATIONS LINÉAIRES

	« Voice and accountability »	« Rule of law »	PIB/hab.	IDH	Éducation	Espérance de vie	Pauvreté
ESI	0,56	0,29	0,41	0,43	0,44	0,22	0,24 (-)

On peut ici relever deux points importants : le premier tient à la confirmation d'une relation positive entre « bonne gouvernance » et soutenabilité environnementale (relation également établie par les chercheurs de Yale et Columbia). Mais un autre fait particulièrement intéressant, qui demande confirmation, apparaît : le coefficient de corrélation entre soutenabilité environnementale et acception faible de la démocratie (« rule of law ») est cette fois inférieur à celui qui existe entre soutenabilité environnementale et acception forte de la démocratie (« voice and accountability »). Autrement dit, si pour le développement économique et humain la démocratie au sens plein paraît moins nécessaire que les libertés économiques, c'est le contraire qui est vrai pour la performance écologique d'un pays. Ce résultat demeure vrai lorsque l'on considère, comme c'est fait au Graphique 1, un échantillon plus large de pays pour lequel un coefficient assez fort apparaît entre démocratie et écologie, qui sont positivement reliées.

Graphique 1. « PARTICIPATION ET RESPONSABILITÉ » (« VOICE AND ACCOUNTABILITY ») ET SOUTENABILITÉ ENVIRONEMENTALE POUR 136 PAYS

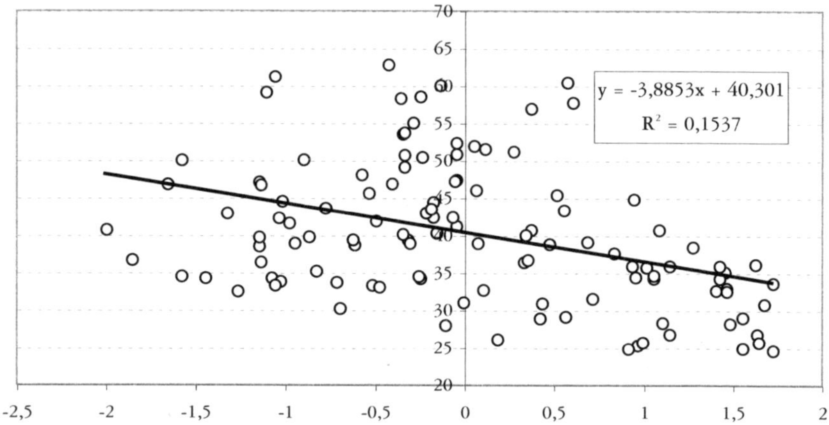

Source : Nations Unies et Environmental Sustainability Index (ESI).

Peut-on aller plus loin et repérer empiriquement des corrélations entre acception forte de la démocratie et niveau des inégalités (comme le suggère le Graphique 1 présenté au chapitre III) ? Il nous faut pour cela utiliser un échantillon plus large que celui des vingt pays les plus peuplés de la planète. Les graphiques ci-dessous montrent que l'acception forte de la démocratie est fortement corrélée, pour un nombre significatif de pays, à la part dans le PIB des dépenses de santé publique (on trouve une corrélation voisine pour les dépenses de santé par habitant et une corrélation un peu plus faible pour le taux de mortalité infantile) et à l'égalité de développement entre hommes et femmes, et moins fortement corrélée à la faiblesse des inégalités de revenu mesurées par l'indice de Gini [1]. Cette der-

1. Pour mémoire, rappelons que l'indice de Gini permet de mesurer la concentration de revenu sur une échelle de 0 (égalité parfaite, tous les individus possèdent le même revenu) à 100 (inégalité parfaite, un seul individu possède l'intégralité du revenu).

nière relation est notamment influencée par les pays d'Amérique latine qui, parmi les pays en développement, présentent la particularité d'être plutôt plus démocratiques que les autres mais nettement plus inégalitaires en termes de répartition du revenu.

Cependant, une fois de plus, le sens de la causalité est sujet à caution, même s'il y a davantage de raisons théoriques de penser qu'elle joue dans le sens démocratie-inégalités faibles que dans le sens inverse. Il se peut néanmoins que les deux variables soient en fait déterminées par un troisième paramètre, qui pourrait être le niveau de développement économique, mais la situation évoquée plus haut de « croissance sans gouvernance » invalide cette interprétation.

Graphique 2. « PARTICIPATION ET RESPONSABILITÉ » (« VOICE AND ACCOUNTABILITY ») ET PART DES DÉPENSES PUBLIQUES DE SANTÉ DANS LE PIB POUR 170 PAYS

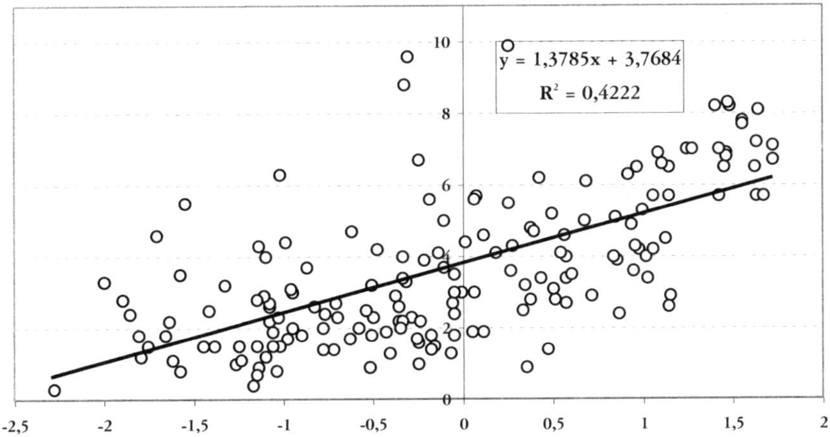

Source : Nations Unies. La part des dépenses publiques de santé dans le PIB est mesurée en % en 2004. La variable « Participation et responsabilité » est mesurée en 2006.

Graphique 3. « PARTICIPATION ET RESPONSABILITÉ »
(« VOICE AND ACCOUNTABILITY »)
ET INDICE DE DÉVELOPPEMENT DES HOMMES ET DES FEMMES POUR 153 PAYS

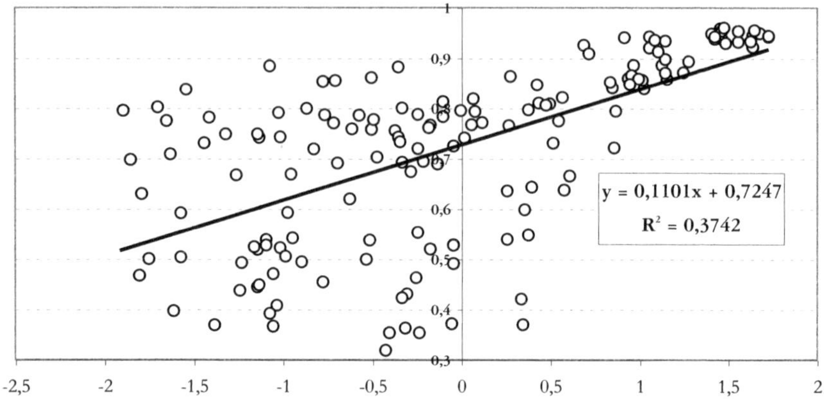

Source: Nations Unies. L'indice de développement des hommes et des femmes (*gender-related development index*) est mesuré en 2005. La variable « Participation et responsabilité » est mesurée en 2006.

Graphique 4. « PARTICIPATION ET RESPONSABILITÉ »
(« VOICE AND ACCOUNTABILITY »)

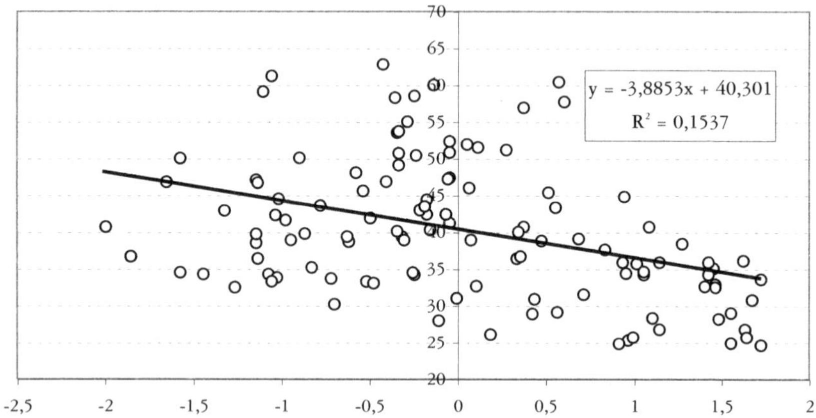

Source: Nations Unies. L'indice de Gini est mesuré à des dates différentes autour de 2000. La variable « Participation et responsabilité » est mesurée en 2006.

Les travaux que l'on vient d'évoquer occupent désormais une place centrale dans la théorie et la pratique des politiques de développement et doivent dès lors faire l'objet d'une critique raisonnée.

Une idéologie non assumée

C'est dans un contexte de lente inversion des priorités entre libertés économiques et libertés politiques qu'il convient d'apprécier la phase actuelle de globalisation, c'est-à-dire l'expansion de la sphère du marché à la fois à l'intérieur de chaque société et à l'échelle de la planète. Beaucoup des travaux dont nous venons de rendre compte participent, peut-être malgré eux, à cette lente inversion. Leur conclusion générale pour ce qui concerne le développement est en effet que les libertés économiques semblent le déterminer davantage que le régime politique [1]. Une forte corrélation entre deux variables, dont la mesure est de surcroît sujette à caution, ne fournit d'indication vraiment utile que sur la direction des recherches à entreprendre, mais beaucoup plus rarement sur les phénomènes étudiés. Heureusement, il existe une déontologie des études empiriques qui évite que l'on prenne des vessies pour des lanternes. Pour l'instant, ce que l'on sait de la relation entre démocratie et croissance – le très léger effet négatif qu'aurait une augmentation des libertés politiques sur les performances économiques – est qu'elle n'est pas statistiquement significative.

Mais surtout, nombre de résultats que nous avons rapportés sont fondés sur une distinction artificielle qui peut rendre douteuse leur signification : la distinction entre libertés économiques et libertés politiques. S'il est conceptuellement possible de les séparer, il est difficile d'imaginer un régime démocratique qui n'assurerait

1. Pour un approfondissement de cette question, voir J.-P. Fitoussi, *La Démocratie et le Marché*, *op. cit.*

pas aussi les premières. Si les deux avaient des effets favorables sur le développement, ces effets se cumuleraient en un régime démocratique. Il est de surcroît possible, mais très improbable, qu'une dictature puisse effectivement assurer la sécurité juridique, ne serait-ce que celle des transactions. La répression des libertés, notamment celle de la presse, signifie que des informations utiles à l'expression des libertés économiques sont dissimulées. On peut difficilement penser qu'une telle institutionnalisation du mensonge et du secret puisse servir la confiance nécessaire aux transactions économiques. C'est l'une des difficultés majeures que rencontrent les régimes autoritaires : les agents économiques, sachant que les droits de propriété, comme les décisions des tribunaux, sont de fait soumis à l'arbitraire du prince, répugnent à investir. Et, de fait, la plupart de ces régimes autoritaires sont corrompus. On voit bien alors quelle dynamique un affaiblissement du pouvoir politique (une plus grande liberté consentie aux citoyens) peut engendrer : libérée d'un joug trop pesant, la dynamique économique et sociale chercherait toutes les brèches où s'engouffrer.

Enfin, d'où tient-on que la mesure du PIB, dont la pondération est importante dans l'indice de développement humain, reflète fidèlement le bien-être économique des populations ? Les comptables nationaux savent, en effet, que le produit intérieur brut est essentiellement une mesure de la production marchande et de l'activité économique et non une mesure du bien-être économique. Pour Sen, le niveau du PIB est en quelque sorte un indicateur de liberté, davantage que de bien-être. Mais même en tant que tel, il est bien imparfait. L'aggravation des nuisances, y compris écologiques, comme celle du nombre des accidents du travail, pour ne prendre que les exemples les plus évidents, contribuent à élever sa croissance. Deux pays peuvent avoir le même PIB, mais l'un peut l'obtenir avec des semaines de travail de 55 heures et/ou le travail des enfants, et l'autre avec des temps de travail bien moindres et une législation sociale avancée. Les populations de ces pays jouissent-elles d'un même bien-être et/ou d'une même liberté ? Enfin, faut-il de longues et fastidieuses recherches empiriques pour prouver que l'absence de libertés politiques réduit le bien-être des populations tout simplement parce qu'elle accroît leur sujétion et amoindrit l'exercice de leur libre arbitre ?

Comment alors expliquer cette tendance des économistes à vouloir dissocier les libertés dans leurs études empiriques ?

C'est que la théorie des économies de marché, lorsqu'elle est pensée dans une conception fermée de l'économie, s'accommode mal des interventions discrétionnaires des gouvernements. Comme le note Pierre Rosanvallon [1], en ces économies, « ce n'est plus la politique, le droit et le conflit qui doivent gouverner la société, c'est le marché [...] De ce point de vue Adam Smith n'est pas tant le père fondateur de l'économie politique que le théoricien du dépérissement de la politique ». C'est pourquoi la forme de gouvernement la plus cohérente avec l'économie de marché, la seule qui lui permette de réaliser toutes ses potentialités, est celle d'un despote éclairé. Son rôle serait alors de garantir les libertés économiques à l'abri de la pression populaire en faveur de l'égalité (la redistribution du revenu) que les libertés politiques, autrement, déchaîneraient.

1. Pierre Rosanvallon, *Le Libéralisme économique*, Paris, Seuil, 1979.

Annexe II

L'Inde et la Chine

Il serait difficile, et même déraisonnable, d'écrire aujourd'hui un ouvrage traitant du rapport entre développement, démocratie et écologie sans évoquer au moins brièvement les cas de l'Inde et de la Chine, ne serait-ce que parce que ces deux pays représentent à eux seuls en 2008 40 % de l'humanité. Mais l'intérêt de cette comparaison va bien au-delà de la seule importance démographique.

La Chine et l'Inde sont aussi comparables que dissemblables. Ces deux économies émergentes géantes, majoritairement agraires et dont la civilisation est multiséculaire, sont sorties du sous-développement dans les années 1990 pour bouleverser la scène mondiale. Mais presque tout les oppose en matière de stratégie de croissance et de stratégie de gouvernance. Alors que la Chine a délibérément choisi une stratégie de croissance fondée sur le commerce extérieur, c'est-à-dire une ouverture économique à outrance, l'Inde contrôle beaucoup plus le rythme de son intégration à la mondialisation. Surtout, l'Inde est une démocratie (imparfaite par définition), et la Chine un régime autoritaire. Qu'indiquent les données disponibles sur la performance économique et de développement de ces deux pays ? Comment évoluent les inégalités en Inde et en Chine ? Que dire de la qualité de leur gouvernance ? Enfin, quel impact leur développement a-t-il sur leur environnement naturel et sur l'écologie mondiale ?

Cette annexe vise avant tout à présenter au lecteur des données récentes, fiables et pertinentes sur ces questions, mais on verra, à profit, qu'une réponse tranchée sur le lien entre démocratie, inégalités et développement durable est loin d'aller de soi en Inde et en Chine. Certaines données présentées ici sont étonnantes, voire déconcertantes, et même en contradiction apparente avec certaines des thèses de cet ouvrage. Elles n'en sont que plus précieuses. Mais on aura compris à ce stade du livre que le développement résulte d'une alchimie que l'on ne peut réduire à une analyse monocausale. L'histoire importe, et notamment la tradition des régimes communistes de privilégier l'enseignement pour tous.

Si l'on s'en tient aux indicateurs de développement économique, la stratégie chinoise d'intégration à la mondialisation paraît la plus efficace, à court terme en tout cas. Selon les données du FMI, l'écart de niveau de vie (PIB par habitant en PPP) entre la Chine et l'Inde était de 22 dollars au profit de l'Inde en 1991, au moment où ces deux économies ont fait leur entrée sur la scène mondiale. Ce même écart est passé en quinze ans à 1 900 dollars, mais au profit de la Chine. Plus étonnant peut-être, le développement humain de la Chine, tel que mesuré par l'indice de développement humain (IDH) des Nations Unies, est également meilleur, l'écart entre les indices chinois et indien n'ayant cessé de se creuser depuis 1990. La décomposition de l'IDH montre en outre que l'avance chinoise ne tient pas seulement à sa richesse économique : la Chine fait mieux que l'Inde en matière d'espérance de vie et d'éducation (Tableau 1). Au total, selon David Dollar [1], économiste à la Banque mondiale et spécialiste de la Chine, le succès de la stratégie chinoise « changer le système, ouvrir la porte » (*Gai Ge Kai Feng*) s'explique par la qualité du capital humain chinois, l'ouverture aux capitaux physiques étrangers et la création d'un climat propice au développement des investissements privés. On peut ajouter que la Chine a mieux

1. David Dollar, « Lessons from China for Africa », *Policy Research Working Paper* 4531, The World Bank East Asia and Pacific Region, février 2008.

maîtrisé sa croissance démographique que l'Inde tout en réduisant davantage sa mortalité infantile.

Tableau 1. Développement économique et humain

	Inde	**Chine**
Population (en millions) en 2007	1 131,7	1 332,4
PIB nominal (en milliards de dollars) en 2006	1 070,7	2 867,6
Commerce de biens (en % du PIB) en 2006	32,5	66,0
Flux nets d'IDE (en milliards de dollars courants) en 2005	6,6	79,1
Tarifs douaniers appliqués (tous produits) en % en 2006	19,2	9,9
Taux de croissance annuel du PIB par habitant, moyenne 1990-2005 en %	4	8,7
PIB par habitant (en $ internationaux de 2000) en 2005	2 126	4 091
Indice de développement humain en 2005	0,619	0,777
Classement IDH sur 177 pays en 2005	128e	81e
Indice d'espérance de vie en 2005	0,645	0,792
Indice d'éducation en 2005	0,620	0,837
Taux de croissance annuelle de la population en % en 2005/2020	1,46/1,14	0,58/0,47
Taux de mortalité infantile (pour 1 000) en 1970/2005	127/56	85/23

Sources : Banque mondiale, FMI, OMC.

Le développement économique chinois a également considérablement réduit la pauvreté, qui était estimée par la Banque mondiale autour de 64 % de la population totale en 1981 et qui a décliné pour s'établir autour de 10 % en 2005, 500 millions d'individus s'étant extraits de la pauvreté en seulement une génération. La Chine s'avère, là aussi, nettement supérieure à l'Inde, qui a certes réduit sa pauvreté extrême de 54 % à 35 % environ au cours de cette même période de 25 ans. Mais, compte tenu de sa dynamique démographique, l'Inde a vu croître en valeur absolue le nombre de ses pauvres (de l'ordre de 5 millions d'individus)[1]. Si les inégalités d'éducation entre individus sont également plus importantes en Inde[2] qu'en Chine (qui tire en la matière avantage de son communisme), le développement économique chinois s'est accompagné d'une explosion des inégalités de revenu principalement liées à la dynamique d'ouverture à la mondialisation, qui pourrait à terme remettre en cause la stabilité politique de la Chine et donc son développement économique lui-même. Les inégalités de revenu entre les provinces chinoises, de fait entre les villes et les campagnes, dessinent « quatre Chine » d'est en ouest, avec des niveaux de revenu par habitant variant de 1 à 10 (voir Tableau 2).

Tableau 2. Inégalités économiques et d'éducation

	Inde	**Chine**
Indice de pauvreté humaine en 2005	31,3	11,7
Taux d'analphabétisme des adultes, en %, 15 ans et plus (1995-2005)	39	9,1
Taux d'alphabétisation des jeunes, en %, 15-24 ans (1995-2005)	76,4	98,9
Indice de Gini (2004)	36,8	46,9
Écart inter-quintile (2004)	5,6	12,2
Écart inter-décile (2004)	8,6	21,6

Sources : Banque mondiale.

Quel rôle joue le régime politique dans ces performances et comment évaluer les deux géants asiatiques à cette aune ? La Chine est à l'évidence aujourd'hui un régime autoritaire qui contrôle les

1. Voir M. Ravallion et S. Chen, « Absolute Poverty Measures for the Developing World 1981-2004 », *World Bank Policy Research Working Paper* 4211, Washington D.C., World Bank, 2007.

2. La « démocratie des élites » indienne est en effet favorable à l'enseignement supérieur réservé le plus souvent aux élites (aux castes supérieures), mais l'est beaucoup moins pour ce qui concerne l'enseignement primaire et secondaire.

libertés civiles et entrave les droits politiques, mais qui encourage, tout en les contrôlant étroitement, les libertés économiques (dont bénéficient essentiellement les membres du parti communiste et les investisseurs étrangers), ce qui contribue à créer un climat plus propice aux affaires et au développement économique, et de grandes inégalités. La Chine serait donc suffisamment stable politiquement pour se développer, mais la transition vers la démocratie serait tout sauf assurée. L'Inde est à l'inverse une démocratie décentralisée dont les pouvoirs publics, nationaux et locaux, seraient peu efficaces et, comme en Chine, sujets à une corruption généralisée. Le plus grave problème de l'Inde tient à l'ampleur des inégalités entre hommes et femmes qui constituent une entrave majeure à son développement et ne peuvent être surmontées que par un approfondissement de la démocratie (Tableau 3).

Tableau 3. Démocratie et gouvernance

	Inde	**Chine**
Droits politiques (sur une échelle inversée de 1 à 7) en 2005	2	7
Libertés civiles (*idem*) en 2005	3	6
Statut politique	Libre	Non libre
Participation des gouvernés et responsabilité des gouvernants (sur une échelle de -2,5 à +2,5)	+0,35	-1,66
État de droit (*idem*)	+0,17	-0,40
Contrôle de la corruption (*idem*)	-0,21	-0,53
Stabilité politique (*idem*)	-0,84	-0,37
Efficacité du gouvernement (*idem*)	-0,04	-0,01

Sources : Banque mondiale et Freedom House.

Le régime politique joue enfin un rôle essentiel dans le rapport entre développement et écologie. Si l'État autoritaire chinois se révèle dans une certaine mesure efficace pour développer économiquement le pays en jouant de l'équilibre entre contrôle politique et libéralisation économique, l'ampleur des dommages environnementaux causées par le développement de la Chine [1] indique clairement la limite de cette stratégie de gouvernement.

La pollution de l'air, en particulier dans les villes, est l'une des plus graves au monde : la Chine, dont plus de 60 % de l'offre d'énergie provient du charbon, est devenue en 2007 le premier émetteur mondial de gaz à effets de serre, avec plus de 20 % du total (l'Inde n'émet en 2004 que 1,2 tonne de CO_2 par habitant contre 3,8 pour la Chine, soit trois fois moins). La pollution de l'eau est encore plus préoccupante : selon l'OCDE, 30 % des cours d'eau chinois seraient gravement pollués. Ce que certains chercheurs, comme Jared Diamond [2] (de UCLA), perçoivent comme une catastrophe environnementale à une échelle sans précédent, ne peut pas se résumer à la vigueur du développement chinois. La faillite environnementale de la Chine tient avant tout à l'absence d'un gouvernement démocratique capable de prendre en compte les préoccupations sanitaires et écologiques des citoyens. Les restrictions des libertés politiques, qui empêchent le contrôle écologique du développement économique de la Chine, aboutiront à moyen terme à remettre en cause son développement humain.

Le bilan environnemental de l'Inde n'est certes pas brillant, mais il est meilleur que celui de la Chine (l'Environmental Sustainability Index mentionné à l'annexe I s'établit ainsi en 2005 à 38,6 pour la Chine, classée au 133e rang sur 149 pays étudiés, et à 45,2 pour l'Inde, classée 101e). La Banque mondiale note ainsi dans une

1. Pour un état de l'environnement chinois, voir *OECD Environmental Performance Reviews : China*, OCDE, 2007.

2. J. Diamond, *Collapse, How Societies Choose to Fail or Succeed*, Sidney, Viking Books, 2005.

étude récente [1] que les indicateurs de pollution urbaine s'améliorent dans les grandes villes indiennes même s'ils se dégradent dans certaines villes moyennes. Le point le plus intéressant est sans doute l'émergence d'une « demande environnementale » qui trouve de plus en plus une traduction dans le débat public indien. La démocratie paraît, ici aussi, favoriser la performance environnementale.

1. *Strengthening Institutions for Sustainable Growth : Country Environmental Analysis for India*, Banque mondiale, 2007.

Table des matières

Dans la même collection

Éric Maurin
L'Égalité des possibles (2002)

Thérèse Delpech
Politique du chaos (2002)

Olivier Roy
Les Illusions du 11 Septembre (2002)

Jean-Paul Fitoussi
La Règle et le Choix (2002)

Michael Ignatieff
Kaboul-Sarajevo (2002)

Daniel Linderberg
Le Rappel à l'ordre (2002)

Pierre-Michel Menger
Portrait de l'artiste en travailleur (2003)

Hugues Lagrange
Demandes de sécurité (2003)

Xavier Gaullier
Le Temps des retraites (2003)

Suzanne Berger
Notre première mondialisation (2003)

Robert Castel
L'Insécurité sociale (2003)

Bruno Tertrais
La Guerre sans fin (2004)

Thierry Pech, Marc-Olivier Padis
Les Multinationales du cœur (2004)

Pascal Lamy
La Démocratie-monde (2004)

Philippe Askenazy
Les Désordres du travail (2004)

François Dubet
L'École des chances (2004)

Éric Maurin
Le Ghetto français (2004)

Julie Allard, Antoine Garapon
Les Juges dans la mondialisation (2005)

François Dupuy
La Fatigue des élites (2005)

Patrick Weil
La République et sa diversité (2005)

Jean Peyrelevade
Le Capitalisme total (2005)

Patrick Haenni
L'Islam de marché (2005)

Marie Duru-Bellat
L'Inflation scolaire (2006)

Jean-Louis Missika
La Fin de la télévision (2006)

Daniel Cohen
Trois Leçons sur la société post-industrielle (2006)

Louis Chauvel
Les Classes moyennes à la dérive (2006)

François Héran
Le Temps des immigrés (2007)

Dominique MÉDA, Hélène PÉRIVIER
Le Deuxième Âge de l'émancipation
(2007)

Thomas PHILIPPON
Le Capitalisme d'héritiers (2007)

Youssef COURBAGE, Emmanuel TODD
Le Rendez-vous des civilisations (2007)

ROBERT CASTEL
La Discrimination négative (2007)

Laurent DAVEZIES
La République et ses territoires
(2008)

Gösta ESPING ANDERSEN
(avec Bruno Palier)
Trois Leçons sur l'État-providence
(2008)

Loïc BLONDIAUX
Le Nouvel Esprit de la démocratie
(2008)

RÉALISATION : PAO ÉDITIONS DU SEUIL
IMPRESSION : CORLET IMPRIMEUR S.A. CONDÉ-SUR-NOIREAU
DÉPÔT LÉGAL : SEPTEMBRE 2008. N° 97719-2 (116416)
IMPRIMÉ EN FRANCE

La République des Idées

La République des Idées qui co-édite avec les éditions du Seuil cette collection d'essais, est un atelier intellectuel international. Sa vocation est de produire des analyses et des idées originales sur les grands enjeux de notre temps : mutations de la démocratie, transformations du capitalisme et des inégalités, évolutions des relations internationales… En relation avec un grand nombre de revues et de *think tanks* étrangers, La République des Idées est également un pôle d'information et d'échanges sur la vie intellectuelle à travers le monde, notamment par le biais de sa revue *La Vie des Idées*.

www.repid.com
idees@repid.com